ちくま新書

絶望に寄りそう聖書の言葉

小友 聡
Otomo Satoshi

1685

絶望に寄りそう聖書の言葉【目次】

はじめに

†聖書は絶望に寄りそうのか？

本書のタイトル『絶望に寄りそう聖書』という言葉が目に留まった人がいるでしょうか。もしかしたら、聖書が絶望する人に寄りそってくれる書物だとは思っていなかったかもしれません。けれども本書を読めば、このタイトルの理由がきっとおわかりいただけるでしょう。

本書は聖書をできるだけ今の言葉で語り直し、それによって今をどう生きるかを考える本です。現代社会の中で絶望している人に向けて、言葉を届けたいと思います。聖書というと、どこか私たちと距離があって、あるいはまた少々うさん臭いけれど、それでいて、どことなく神聖なものを感じる不思議な書物だというイメージがあるのではないでしょうか。

聖書の世界は、私たちの日常生活とは一見接点がないように思えるかもしれませんが、実際に読んでみると、いくつもの光を放つ言葉に出会うことができます。

例えば、現代でもよく言われる「神は耐えられない試練を与えない」という言葉がそうです。新約聖書には「神は（…）耐えられないような試練に遭わせることはなさらず（…）逃れる道をも備えてくださいます」（コリントの信徒への手紙一10章13節）という言葉があります。これが簡略化されて一般に知られるようになりました。

こうした言葉をどこかで見かけて勇気づけられた人もいるかもしれません。生きづらい今の時代に、「神は耐えられない試練を与えない」と言われれば、私たちは何とか、その一日を頑張り抜くことができます。

今、コロナ禍で先が見えず、またロシアのウクライナ侵略で心が潰れそうな日々が続く中で、絶望しそうな心を癒してくれる、暗い心に寄りそってくれる言葉が求められています。聖書の言葉にはそれがあるということを、本書で皆さんに伝えたいと私は願っています。

†そもそも聖書とはどういうものか？

本題に入る前に、そもそも聖書とはどういうものかについて、前書きしておきましょう。

まず聖書とは古典文学ではありますが、ユダヤ教とキリスト教の聖典で、旧約聖書と新約聖書の二つに分かれています。この両方を「聖書」と呼ぶのがキリスト教です。それに対して、ユダヤ教は新約聖書のことを聖書とは見なさず、旧約聖書のみを「聖書」と呼ぶのです。

それでは、旧約聖書と新約聖書はどういう関係なのかというと、旧約聖書をもとにして記されたのが新約聖書です。ですから、新約聖書にはよく旧約聖書の引用や解釈が出てきます。キリスト教会は旧約聖書をイエス・キリストがやってくる預言と解釈し、イエス・キリストの到来を旧約聖書の預言の成就だと信じました。

そのように旧約聖書を理解した上で、新約聖書は記されたのです。新約聖書には、イエス・キリストの生涯について書き記された「福音書」と、最初期の教会の歴史が記された「使徒言行録」があります。さらにパウロやヨハネなどが書き記した数多くの「書簡」とヨハネが書いた「黙示録」が含まれます。

それに対して、旧約聖書はイスラエルの民の興亡の歴史が書き記された書です。これは、果てしない年月を経て記されました。三九巻から成っていますが、これらを書いたのは祭司や預言者、知者など、多種多様な人々です。

イスラエルの民がどのようにして成り立ち、どのような歴史を経て、どのような状況になっているかが書き記されています。

本書では、特に旧約聖書の言葉について多く説明しています。それは旧約聖書には絶望を生き抜いた人々について心に届く言葉がたくさん書かれているからです。それは現代社会を生きる私たちの状況と不思議にリンクします。本書執筆時点で継続中のロシア・ウクライナ戦争ではゼレンスキー大統領が不屈の指導者として指揮を執っていますが、ユダヤ系である彼の出自が絶望を生き抜いたイスラエルの民の叡智を継承しているように思われます。

✝苦難と絶望を生き抜いたイスラエル民族の物語

旧約聖書を書いたイスラエル民族の歴史とは、絶望を生き抜いた人々の歴史です。もともとエジプトで虐《しいた》げられ、その地を脱出した下層の人々がイスラエル民族の起源だと言われます。旧約聖書ではこれが非常に重要な出来事として描かれています。

彼らは、もともと一つの民族であったというわけではないのです。どの民族よりも弱く、神の助けを必要とした人々が神によって選ばれた「神の民」となった。モーセという指導者がその起源に関わっています。

イスラエル民族は約束の地カナンに居住し、やがて王国を形成します。紀元前一〇世紀の、ダビデ王、ソロモン王の時代です。しかし、王国はやがて南と北に分裂し、それぞれの歴史を刻むことになります。

紀元前八世紀に北王国が滅び、残った南王国も紀元前六世紀に滅亡しました。神に選ばれたイスラエルの民が国を失う。これは破局的な出来事です。エルサレムは破壊し尽くされ、多くの人々が剣に倒れました。彼らの魂の拠り所であった神殿は破壊され、王国は消滅したのです。

こうしてイスラエル民族は世界史から消え去り、かろうじて生き残った人々は捕らえられてバビロニアに強制連行されてしまいます。これが「バビロン捕囚《ほしゅう》」と呼ばれる出来事です。イスラエル民族は持てるものすべてを失いました。彼らの絶望の起源とはこのことです。

彼らは、自分たちが神から見捨てられたと嘆きます。しかし、この絶望は終わりではなく、新たな始まりとなります。捕囚の民は自分たちの歴史を振り返り、その歴史の編纂《へんさん》を開始したのです。

なぜ神の民は滅んだのか、神は自分たちのために何を計画しておられるか。神に立ち帰るためにはどうしたらよいか。イスラエルの人々は徹底的に考え抜き、そこに復興への希望を見出します。旧約聖書の最初の書である創世記の1章で、神が天地創造の初めに「光あれ」と言ったという記述はこのことを象徴しています。

彼らは捕囚という絶望を生き抜き、やがて奇跡的な救済を経験します。イスラエルを支配したバビロニアが滅亡し、ペルシアがオリエント世界の覇者になったのです。捕囚民はペルシア王の勅令《ちょくれい》によって解放されました。これは驚くべきことです。この捕囚からの帰還民が中心となって神殿が再建され、ペルシア帝国の支配のもと、イスラエル民族はユダヤ教団という宗教共同体として復興することができました。

ペルシアの支配権はその後ギリシアに移り、さらにローマ支配の時代がやってきます。オリエント世界の覇者たちの興亡の中で、ユダヤ教団は神殿と律法を二本柱として存続しました。旧約聖書の中で最後に書き記されたダニエル書は、紀元前二世紀半ばに書かれたものです。つまり、旧約聖書はほとんど一〇〇〇年にわたる長い時間を経て編纂されたのです。

しかし、紀元一世紀のユダヤ戦争で、ユダヤ教団はまたしても悲惨な破局を経験します。エルサレムは再び破壊され、神殿も失われました。生き残った人々によってユダヤ教は聖書（旧約聖書）のみで生きる決断を余儀なくされます。

この紀元一世紀後半のユダヤ教の破局とキリスト教の勃興は、時期が重なっています。ナザレのイエスが現れたのは紀元前後です。紀元三〇年頃にイエスは地上の生涯を終え、その後、弟子たちによって初期キリスト教が生まれました。パウロによる地中海世界への宣教は紀元五〇年代のことです。

キリスト教は、紀元一世紀のユダヤ教徒の中から生まれ、旧約聖書をベースとした新約聖書の時代が始まります。旧約聖書ではイスラエルが「神の民」とされていましたが、新約聖書ではキリストを信じる教会が「新しいイスラエル」と解釈されています。新約聖書の成立過程はユダヤ教の聖書（旧約聖書）正典化と関係しています。いずれにせよ、聖書成立の背景には破局の時代を生き抜いた人々のリアルな現実があるのです。

†現代人の絶望と響き合う聖書

では、現代を生きる私たちは、その聖書をどのように読むことができるでしょうか。二〇〇〇年以上前に書き記された聖書が、今を生きる私たちとどう関係するというのでしょうか。聖書の読み方に正解はありません。キリスト教の信者であれば、聖書を信頼すべき神の言葉として読むでしょう。しかし、ほとんどの日本人にとって聖書は信仰の対象ではありません。

私が皆さんに伝えたいのは、聖書の言葉は「生きる力」になるということです。聖書に記されている物語は、現代を生きる私たちの現実に重なります。それは、聖書の言葉そのものが、すでに絶望を経験した民に呼びかける言葉として書かれているからです。

主ご自身があなたに先立って行き、あなたと共におられる。主はあなたを置き去りにすることも、見捨てることもない。恐れてはならない。おののいてはならない。（申命記31章8節）

これは旧約聖書の申命記《しんめいき》に記され、モーセが、ヨルダン川を渡ろうとするヨシュアを励ますためにかけた言葉です。けれども、この言葉を実際に聴き取る人々は、ヨシュアの時代のはるか後の捕囚期の人々。すべてを失って憔悴《しょうすい》し、絶望している「神の民」なのです。申命記はモーセ時代の書として書かれているにもかかわらず、二重三重に書き継がれている複雑な書でもあります。

そのような書き継ぎの多層性は、新約聖書も含めた聖書全体についても言えることです。絶望の歴史を乗り越えてきたイスラエル民族の言葉だからこそ、今、現代社会において絶望を経験する人々の心に響くのです。今をどう生きるかという問いかけに聖書の言葉は答えてくれます。「絶望に寄りそう聖書」とはこのことなのです。

聖書の言葉は私たちに「生きよ」と促します。多くの人が生きづらさを抱えている今の時代に、このような仕方で聖書を読むことができると私は書きました。キリスト教徒が人口の一％に満たない日本では、多くの人々にとって聖書は信仰の拠り所とは言えませんが、それでも聖書は私たちが生きる力になるのです。

本書では、これから聖書の三〇のエピソードを紹介します。「孤独に立ちすくんだとき」「働くことに疲れたら」「妬みの気持ちに向き合うために」「家族の大切さを忘れかけたとき」「死を受け入れるために」という、誰もが人生の中で経験する五つの状況について考えを深めるために、聖書の言葉を読み解いてみたいと思います。

聖書の引用は聖書協会共同訳に従いました。これは二〇一八年に刊行された新しい翻訳聖書です。現代を生きる日本人の心に届く言葉で訳された聖書で、私もその翻訳者の一人です。世界が先行き不透明で、希望の光が見えない今、聖書の言葉が「私の足の灯、私の道の光」となるよう願ってやみません。

I 孤独に立ちすくんだとき

ヨブを慰めるためにやって来た三人の友人が、ヨブを徹底的に非難し始める。
（イリヤ・レーピン「ヨブと彼の友」）

1　イスラエルの祖ヤコブ——決してあなたを見捨てない

私はあなたと共にいて、あなたがどこへ行くにしてもあなたを守り、この土地に連れ戻す。私はあなたに約束したことを果たすまで、決してあなたを見捨てない。（創世記28章15節）

†ヤコブの計略と逃亡

まずは、旧約聖書で非常に重要な人物の一人、ヤコブの物語についてお話ししましょう。

ヤコブは族長アブラハムの孫にあたります。アブラハムの嫡子《ちゃくし》がイサクで、そのイサクの後継者がヤコブです。

彼は、神の使いと取っ組み合いをした際に、「イスラエル」という別名を神から与えられたことでも知られ、イスラエル民族の直接の起源になったと言われています。

ちなみに、「ヤコブ」とはヘブライ語に由来しますが、英語では「ジェイコブ」。ただし、新約聖書に出てくる十二使徒のヤコブは、英語では「ジェイムズ」と表記されます。欧米では、生まれてきた子供に聖書の人物の名前を付ける習慣がありますが、「ヤコブ」という名前もその一つです。

おそらく二五〇〇年以上前に書かれたに違いないこのヤコブの孤独の物語は、今を生きる私たちと響き合うものがあります。

ヤコブの物語を含む「族長物語」は、旧約聖書の最初の書「創世記」の12〜50章に記されています。天地創造について記された原初史が創世記1〜11章にありますが、その後12章から族長アブラハム、そしてイサクの物語が始まり、25章からヤコブの物語になります。ヤコブは父イサクと母リベカの間に生まれた双子の弟でした。兄の名はエサウといいます。

まずエサウが先に生まれ、そのかかとを摑んでヤコブが生まれたと聖書には書かれています。この「かかと」はヘブライ語では「アーケーブ」、それを摑《つか》んで生まれたために、「ヤコブ」という名がつけられました。このように、旧約聖書の人物の名前には何かしら意味が込められていることが多いです。

「ヤコブ」という名はヘブライ語で「彼は奪い取る」「彼は欺《あざむ》き取る」という意味もあります。

さて、ヤコブが孤独に苛《さいな》まれることになる事の発端は、ヤコブが兄エサウを騙して父イサクから密かに長子の特権を奪い取ったことにあります。エサウとヤコブは双子でしたが、エサウは逞《たくま》しい狩人に、ヤコブは穏やかな人になりました。そのようなヤコブが母親のリベカには好ましく思われ、対照的に父イサクにはエサウが好ましかったのです。

高齢となったイサクは長子エサウを祝福して家督を譲ろうと考えていました。しかし、それを察知した母リベカは策を講じ、ヤコブにエサウを装わせて長子の特権を奪うことを提案します。ヤコブは腕に獣の皮を巻いて狩人エサウの毛深さを装い、また晴れ着をまとってエサウになりすまし、イサクの前に現れるのです。また、母親リベカはヤコブのために料理を用意し、エサウが野の獣を料理したかのように装いました。

年老いたイサクはすでに目がかすんでいます。ヤコブを呼び寄せ、「お前はエサウか」と問うと、ヤコブは「そうです」と答えます。イサクが手探りでヤコブの肌に触れると、確かにエサウの毛深い腕です。こうして、ヤコブはまんまとエサウになりすまし、兄エサウに与えられるはずの長子の特権を奪い取ったのです。

エサウがそれを知ったときには、もう後の祭りでした。父親が祝福する機会は一度限りであって、それがエサウではなく、ヤコブに与えられてしまったのです。

しかし、それでめでたしめでたしとはなりません。特権を騙し取られたエサウは、ヤコブを殺害し復讐することを計画します。ヤコブは母親からそれを知らされ、驚愕し、父母のもとを去ることになります。母リベカの故郷であるハランの地にいるラバンのもとに身を隠すことが、彼が助かる唯一の道でした。

このヤコブの逃亡の旅こそ、本節で取り上げる聖書の言葉の背景です。

†諦めずに進む者への依怙贔屓

ヤコブは逃亡の途中、ある場所で野宿し、石を枕にして夢を見ます。すると、地上から天に達する階段が現れました。その階段を天使たちが昇り降りしています。不思議な夢です。これが「ヤコブの梯子《はしご》」と呼ばれます。

この夢の背景には、古代メソポタミアのジグラットと呼ばれる巨大な石造りの階段式祭祀場があるようです。天に達するほどの高い階段を、白い衣をまとった礼拝者が昇り降りするのです。その梯子は、地上から天に達する宗教的な門を象徴します。これを昇ることによって神のもとに辿り着ける。それが突然、ヤコブの前に現れたのです。

一九一二年、大型豪華客船タイタニック号が沈没するとき、死を前にした絶望の淵で楽団が演奏した曲は「主よ、みもとに近づかん」という讃美歌でした。この讃美歌は「ヤコブの梯子」が素材になっています。

主《しゅ》のつかいはみ空に、かよう梯《はし》のうえより、招きぬれば、いざ登りて、主よ、みもとに近づかん。（320番第3節）

絶望の淵をさまようヤコブの目の前に、天国への階段が現れる。このとき、神がヤコブに告げた言葉があります。

私はあなたと共にいて、あなたがどこへ行くにしてもあなたを守り、この土地に連れ戻す。私はあなたに約束したことを果たすまで、決してあなたを見捨てない。（創世記28章15節）

神はヤコブに「私はあなたを見捨てない」と約束します。振り返ると、ヤコブは自らを偽りイサクを騙して祝福を奪い取ったために、エサウから命を狙われる羽目になり、逃亡の身となりました。だから、逃亡せざるを得なくなったことは当然の報いではあります。けれども、神はそんなヤコブに、「私は共にいる」と約束するのです。

もしこれが現代社会だったら、ヤコブはむしろ自業自得だと、自己責任を問われてしまうのではないでしょうか。自らの過ちですべてを失ったのだから、自分でその責任を負うのは当然のはずです。ヤコブはエサウから命を狙われます。先は見えず、誰も助けてはくれません。

そういう孤独な、絶望的なヤコブのもとに神が現れ、「決してあなたを見捨てない」と約束したのです。これは、ある意味で、神の依怙《えこ》贔屓《ひいき》のように映ります。先に生まれ、祝福を受けるはずだったエサウではなく、それを横取りしたヤコブの方が祝福されたのはなぜなのでしょう？

旧約聖書では、このヤコブを起源としてイスラエル十二部族の歴史が始まります。なんとも不思議な話です。しかし、神はヤコブを一方的に選びました。やがてヤコブはイスラエル十二部族を束ね、豊かな祝福を得ることになります。

興味深いことに、「必ずこの地に連れ帰る」という神の約束は、のちにバビロン捕囚を経験したイスラエル民族への回復の予告ともなりました。ヤコブが夢を見た場所は、「神の家」を意味する「ベテル」と名付けられます。

過ちを犯し、皆からお前のせいだと言われ、「自己責任」を突き付けられてすべてを失うとき、そこには絶望しかないのでしょうか。それでも道はあるでしょうか。神は「私はあなたを見捨てない」と約束しています。ここでは、孤独と絶望の中で、どう生きるかが問われています。諦めず前に進む者こそがヤコブとなります。

2　預言者エリヤの挫折――弱音を吐きたくなったら

彼自身は荒れ野の中を一日の道のりほど歩き続け、一本のえにしだの木の下にたどりついて座った。エリヤは自分の命が絶えるのを願って言った。「主よ、もうたくさんです。私の命を取ってください。私は先祖にまさってなどいないのですから。」（列王記上19章4節）

†謎めいた預言者エリヤ

旧約聖書に出てくるエリヤという預言者がいます。聖書に親しんでいる方ならおわかりのように、新約聖書にもエリヤという名前が出てきます。イエス・キリストが洗礼者ヨハネを指差して、「彼が現れるはずのエリヤである」と言う場面です（マタイ福音書11章14節）。新約聖書の時代には、やがていつかエリヤが到来するに違いないという終末信仰があったのです。

ある日、イエス・キリストの姿が突然輝き始めました。弟子のペトロ、ヤコブ、ヨハネが見ている前で、モーセとエリヤが現れたと書かれています（同17章3節）。これは幻ですが、モーセは律法を、エリヤは預言者を代表する存在です。エリヤの到来とは、近づく終末を予告しているのです。

イエスが生涯の最後、十字架に磔《はりつけ》にされ「エリ、エリ、レマ、サバクタニ」と叫んだときに、人々は彼が「エリヤ」の名を呼んでいるのだと思い込みました（同27章46〜47節）。では、その謎めいた伝説的な預言者であるこのエリヤとはどんな人物だったのでしょうか。

エリヤの物語が書かれているのは、列王記《れつおうき》上17章から列王記下2章にかけてです。この部分を読んでわかることは、エリヤが紀元前九世紀にイスラエル王国（北王国）で活動した預言者であったということです。

紀元前九世紀というと、ソロモンによる統一王国が分裂し、北と南に分かれて歴史を刻み始めた時代です。イスラエル王国は当時アハブ王が支配していました。そんな時代に、エリヤはかなり個性的な預言者として登場します。

まず、彼は王の宗教政策を痛烈に批判します。当時、アハブ王は隣国シドンの王女イゼベルを妻に迎え、彼女の後押しでイスラエルのヤハウェ宗教（ユダヤ教）とは異なるバアル宗教を保護していました。

古代オリエント世界では王が神的権力を持っていたのに対し、イスラエルでは王もまた律法に従うことが要求されます。そのようなヤハウェ宗教の伝統が、イゼベルを王妃としたアハブ王によって捻じ曲げられてしまったのです。アハブ王は国内でバアル宗教の預言者を優遇し、その政策によってイスラエル王国のヤハウェ宗教は危機的状況に陥りました。これが、預言者エリヤが登場した時代の歴史的背景です。

エリヤの預言者的行為として最も有名なのは、彼がカルメル山でバアルの預言者数百人と対決する場面です（列王記上18章）。これはいわゆる神明《しんめい》裁判と呼ばれ、ヤハウェ神とバアル神のどちらが真の神かを見極める戦いでした。この物語はかなり脚色されていますが、実に緊張感があって面白いところです。

バアルの預言者たちは熱狂的なダンスを踊ります。槍で自らの体を傷つけて血だらけになり、恍惚《こうこつ》とした状態で絶叫しバアルの神に呼びかけますが、神の応えはまったくありません。しかし、エリヤがヤハウェの祭壇を築き一人静かに祈ると、天から火が降ってきてエリヤに応えます。この圧倒的な結果によって、ヤハウェこそが真の神であることが証明され、バアル神になびいていたイスラエルの民の目が覚めたのです。

この対決がイスラエルの唯一神教を確立したと説明されることがあります。しかし、今日の聖書学では、これは後代の申命記主義者による記述であり、紀元前九世紀にエリヤによってイスラエル唯一神教が誕生したとは考えられていません。

とはいえ、エリヤが旧約聖書の模範的預言者として描かれているのは確かです。エリヤは死を見ずに地上の生涯を終えて、天に凱旋《がいせん》したと説明されています（列王記下2章）。それが、終末時にエリヤが再び到来するという信仰へと発展したようです。

†挫折したときは原点に戻る

しかし、この英雄エリヤがまさかという深刻な挫折を経験するのです。

カルメル山で決定的勝利を収めた直後、ヤハウェの預言者として名声を博したエリヤは、しかし異教を支持する王姫イゼベルから激しい迫害を受けます。エリヤが勝利したと思われたのは束の間に過ぎず、今度は逆に追い詰められていくのです。やがてエリヤは逃げ場を失い万事休す。そのときの言葉がこう記されています。

エリヤは自分の命が絶えるのを願って言った。「主よ、もうたくさんです。私の命を取ってください。私は先祖にまさってなどいないのですから。」（列王記上19章4節）

これは絶望の言葉です。もうだめだとエリヤは覚悟したのです。もはや逃げる場所もありません。「ベエル・シェバ」まで来たと書かれていますが、この場所はかつての族長アブラハムに由来する地名です。エリヤは打ちのめされ完全に自信を失い、死を望みます。旧約聖書では自死という行為は否定されているにもかかわらず、この預言者は死を望む言葉を口にしてしまうのです。

ここでエリヤが感じた孤独と絶望は、現代に生きる私たちにも理解できるのではないでしょうか。巨大な権力に立ち向かっても力で潰され、あえなく挫折するという物語は極めて現代的です。また、栄光を手にし称賛された人物が、すべてを力ずくで奪われるのは耐え難い屈辱でしょう。イスラエルという国家機構の中で正義を貫いたにもかかわらず、結局は巨大な力に屈するほかなかったエリヤの姿は痛々しいものがあります。考えてみれば、しょせん勝てる相手ではなかったのです。

手を差し伸べる者はいません。エリヤは孤独でした。しかし、これで終わりではありません。絶望するエリヤに、神は優しく寄りそいます。疲れ果てたエリヤに御使《みつか》いが現れ、「起きて、食べよ」と告げると、そこに石焼きのパンと水の入った水差しがありました。

御使いとは、エリヤを応援する無名の支持者だったのかもしれません。パンと水はエリヤが生きるために何より必要なものです。エリヤが孤独に立ちすくんだとき、寄りそって、元気を出せと語りかけるように、神がそこに介入したのです。それは決して輝かしい奇跡のようなものではありません。ほんの小さな、ささやかな神からの贈り物でした。

こうした神の支えがあって、エリヤはもう一度立ち上がり、かつて神がイスラエルと契約を結んだホレブ山（シナイ山）に向かう旅に出ます。それは神との約束を再確認するための旅でした。その山でエリヤは再び神に出会い、自らの使命を確かめるのです。

これがエリヤの再生となります。決して英雄らしい華々しい復活ではありませんが、エリヤは自らの預言者としての原点に立ち戻ることによって、もう一度、自分を取り戻し、自らの使命を見つめ直します。エリヤの挫折と再生は、イスラエル民族が経験した歴史に重なります。人間エリヤはイスラエルの象徴なのです。絶望からの再生は、原点に立ち戻ることから始まります。エリヤがそれを教えてくれます。

3　いじめられたヨブ——不条理を背負って生きる

私の霊は破れ、私の日々は消え去る。私にあるのは墓ばかり。ただ嘲《あざけ》りが私を取り囲み、私の目は彼らの挑発の中で夜を過ごす。（ヨブ記17章1～2節）

†難解で知られるヨブ記

旧約聖書に登場するヨブというと、たくさんの苦悩を背負って苦しみもがいた人物として知られています。人生の不条理を経験し、孤独の道を歩んだヨブはどういう人だったのでしょうか。また、彼のエピソードから、私たちは何を学ぶことができるでしょうか。

まず、ヨブ記について説明しておきましょう。旧約聖書の中でヨブ記ほど難解な書はありません。旧約聖書の知恵文学（箴言、ヨブ記、コヘレトの言葉など）に含まれる42章からなる長大な書で、大半が詩文で書かれています。技巧的で文学的な表現が多く用いられているため、わかりにくく、翻訳するのにも苦労します。

わかりにくいのは詩文という様式のためだけではありません。ヨブ記は内容が非常に錯綜しているのです。何よりも、ヨブが神から受けた耐え難い災いの理由がどうも腑に落ちない。また、ヨブの訴えに神が答えるのですが、それがまたどのような意味なのかがわからない。そして最後は虚を突かれたような仕方で締め括られるため、説明がつきにくいのです。本節では、そういう難解なヨブ記を解きほぐして説明してみましょう。

ヨブは東の国で最も栄え、また神の前で完全で、何ひとつ咎《とが》のない人物でした。多くの財産を持ち、また一〇人の子供たちに恵まれました。ところが、そのヨブにあるとき、次から次に耐え難い災いが降りかかります。盗賊の略奪や天変地異によってすべての財産を奪われた上、一〇人の子供たちは突風で家屋が崩壊し犠牲になりました。さらには、ヨブ自身もひどい皮膚病に侵され苦しみもがくのです。

このヨブの受けた災いについては、実は裏話があります。天で開かれた神の会議にサタンが招かれ、神にこう進言していたのです。

「ヨブは表向きは敬虔《けいけん》だけれども、一皮むけばたちまち神に背を向ける。ヨブを試してごらんなさい」と。そこで、ヨブ自身には危害を加えないという条件で、神はサタンがヨブに災いを与えることを許可します。こうしてヨブに災いが降りかかることになる。もちろん、ヨブはそんなことなどつゆ知りません。ここがわかりにくいところです。ヨブは神の意志を知ることができないゆえに、苦しむのです。

サタンという存在については、少し説明が必要でしょう。サタンは新約聖書では悪魔として描かれますが、旧約聖書ではそうではなく、「神の支配下で人間を糾弾する告発者」という意味があります。つまり「御使い」の一人なのです。サタンが神と交渉する場面にはそういう背景があるのです。

災いで苦しむヨブを心配し、友人たちが訪ねて来るのですが、間もなくヨブを厳しく非難し始めます。ヨブが自らの潔白を主張しても、神は何も答えてくれません。ついに神が現れてヨブに語りかけますが、それは直接の答えではなく、自然世界の不思議を説明して聞かせたに過ぎません。にもかかわらず、ヨブは自らを悔い、神に屈服してしまいます。

この後の結末は予想外なものです。神はヨブが語ったことは正しかったと告げ、ヨブにかつての二倍の財産を与え、また一〇人の子供を与え、三人の娘たちは国中で最も美しかったとされます。

この筋書きを読んだ人は、とうてい納得できないでしょう。こうした、とても謎めいた物語であるにもかかわらず、ヨブ記には深い意味と慰めが含まれています。それはどういうものなのでしょうか？

†自らの現実を引き受ける者になる

ヨブの苦しみは、神の意志がわからないことだけではありません。彼をさらに苦しめたのは友人たちでした。彼を慰めるために訪ねて来たはずの三人の友人が、ヨブを徹底的に非難するのです。信頼していた友人たちの、手のひらを返すような態度にヨブはたじろぎ、友人たちとの間で激しい論争を繰り広げます。

なぜ彼らはヨブを非難したのでしょうか。それはヨブが自らに非はなく、神のせいであるかのように訴えたからです。友人たちはヨブの訴えを受け入れることはできません。彼らは、ヨブが受けた災いは神に背いた者に降る裁きだと考えました。

それは、旧約聖書の中心にある因果応報の考え方に由来します。友人たちはそれに従ってヨブを裁いたのです。ヨブは友人たちの非難を浴びながらも、必死に自らの潔白を主張します。ヨブの苦しみはこう記されています。

私の霊は破れ、私の日々は消え去る。私にあるのは墓ばかり。ただ嘲りが私を取り囲み、私の目は彼らの挑発の中で夜を過ごす。（ヨブ記17章1〜2節）

ヨブが孤独に立ちすくむ姿、突き刺さる言葉を友人たちから浴びて絶望的な夜を過ごした経験がここに記されています。また彼は以下のように嘆きます。「親しい仲間たちは皆、私を忌み嫌い、愛していた者たちも私に背を向ける。私の骨は皮膚と肉に張り付き、皮膚と歯だけでしのいでいる」(同19章19〜20節)。ここでは、ヨブの孤独で絶望的な言葉が繰り返されています。

コロナ禍において、非正規雇用者が理不尽に解雇されています。誰よりも誠実に全力で働いて来た者が、理由なく経営不振の責任を問われ解雇される不条理があります。教育現場での陰湿ないじめも構図は同じです。仲間たちから冷たくあしらわれ、傷つき、孤独にじっと耐えるしかないヨブの姿を聖書の言葉は伝えます。このヨブの苦悩から、私たちは何を読み取ることができるでしょうか。

ヨブ記の最後には神が現れ、ようやくヨブに語りかけます。しかし、結局神はヨブが受けた不条理の理由は語りません。ヨブは神の前に屈します。それがなぜなのか、私にはきちんと説明することができません。にもかかわらずヨブは神によって義とされ、祝福が戻りましたが、それもまた説明を超えています。

けれども、ヨブ記を読むことで見えてくる興味深い事実があります。ヨブのもとに現れた神は、不思議なことに、ヨブに答えるのではなく、むしろヨブに「答えてみよ」と問いかけるのです。神に問い続けたヨブが逆に神から問われる。そこに、ヨブ記の逆説的意味があるように思われます。

私たち人間にできるのは、神に問うのではなく、神に答えようとすることです。問う者が問われる者になるということは、言い換えると、自らの現実を背負い引き受け、神に答える人間になることが求められるということです。

これについては、オーストリアの心理学者ヴィクトール・フランクルの言葉が手がかりになるでしょう。彼は「人生に対して人は問うべきではない。人生が問うているのであって、人生に答えるのである」と言っています。フランクルはアウシュビッツ強制収容所で不条理を経験した人です。彼はこうした考え方を「コペルニクス的転回」と呼びました。

不条理に苦しむ者にとって、唯一の道はそこにあるのではないでしょうか。それがなぜ起こったのかを問うのではなく、ただそれを背負って生きていく。ここにヨブ記の意味があるように思われます。神に選ばれた者が果てしない苦しみを経験するヨブ記は、二〇世紀にホロコーストを経験したユダヤ民族の苦難の歴史とも重なります。

4　絶望を希望にかえた預言者エゼキエル――最愛の家族を喪ったとき

人の子よ、私はあなたの目に慕《した》わしい者を、一撃のうちにあなたから取り去る。あなたは嘆いてはならない。泣いてはならない。涙を流してはならない。声を立てずに呻《うめ》け。死者のために喪に服するな。頭飾りを巻き、足にサンダルを履け。口ひげを覆ってはならない。嘆きのパンを食べてはならない。（エゼキエル書24章16～17節）

†裁きと希望の預言者

エゼキエルという預言者がいます。旧約聖書ではイザヤ、エレミヤという預言者はよく知られ、それに比べるとエゼキエルは少々知名度が低いかもしれません。けれども、彼の預言が記されるエゼキエル書は、イザヤ書、エレミヤ書と並んで三大預言書の一つに数えられています。彼は「霊の預言者」と呼ばれ、幻として見たものを預言することで知られています。このエゼキエルという預言者の人間性に目を向け、彼の人生に寄りそいながらその言葉を辿ってみましょう。

エゼキエルが生きた時代は、紀元前七世紀後半から六世紀前半にかけて。旧約聖書の歴史の中で最も激動の時代でした。先述のエレミヤとほぼ同時代を生きた預言者です。

エゼキエルは祭司の家系に生まれ、エルサレム神殿の祭司の一人として祭儀を執行していました。しかし、紀元前五九八年、ユダ王国は強大なバビロニア帝国の侵略を受け、都エルサレムを占領されます。

王国はかろうじて存続するも、バビロニアの支配下に陥ってしまいます。王は退位させられ、別の王が傀儡《かいらい》として立てられました。このとき、多くの人々が捕らえられ、捕囚の地に連行されます。エレミヤ書によるとその数は三〇二三人、列王記では一万人以上とされています。これが第一次バビロン捕囚と呼ばれる出来事です。このとき、王族や高官、職人、戦士などと共に捕囚された民の中にエゼキエルがいました。

エゼキエルは神殿祭司の職を奪われ、バビロンのケバル川のほとりに作られたコロニーでの捕囚生活が始まります。捕囚民たちはバビロニア社会に貢献するため、再教育を強制されたでしょう。生きるためにはこの同化政策に従わなければなりませんが、彼らは家族を持ち、果樹栽培など、ある程度自由な経済活動を許されたようです。

エゼキエルはかつて祭司でしたから、捕囚民の指導者でもあったに違いありません。彼はこの地で妻を娶《めと》ったと言われています。そして捕囚五年目、エゼキエルに突然神の霊が降り、預言をし始めたのです。これが預言者エゼキエルの誕生でした。

彼は幻に見た預言を次々に語りました。それは、まるでエゼキエル自身が捕囚の地とエルサレムの間を瞬間的に移動しているような不思議な預言です。彼は神に背を向けたユダ王国は滅びると、徹底した神の裁きを預言します。そして、その預言の通り、紀元前五八七年に王国は滅亡に至り、その知らせが遠く捕囚の地にも届きます。これがエゼキエルの預言の転換点となりました。

それまで徹底して神の裁きを語っていたエゼキエルが、ユダ王国滅亡を機に救済を語り始めるのです。その預言の一つが「枯骨《ここつ》の谷の預言」と呼ばれています（同37章）。

谷にごろごろ転がっていた干からびた骨たちが神の言葉によって動き出し、骨に筋と肉がつき、やがて生きた人間の集団になるという不思議な幻がエゼキエル書に記されています。これは、生きた屍《しかばね》のごとく絶望していた捕囚の民が活性化して再び立ち上がることを意味します。

この民族復興の預言の後、エゼキエルは捕囚から解き放たれたユダヤ民族が再び神殿共同体を築き上げる幻を見ます。そして、またも彼の預言通りに、ユダヤ教団が誕生しました。こうしてエゼキエルは神の幻に突き動かされるように、将来の希望を語る預言者になります。

†最愛の家族を喪うとき

預言者エゼキエルの転機となったのが、神殿の崩壊とユダ王国の滅亡という二つの出来事です。それは、捕囚民にとっては生きる希望を失うほど絶望的な知らせでした。かつてエルサレム神殿の祭司であったエゼキエル自身にとっても、自らのアイデンティティを奪われるような悲報であったはずです。

最愛の妻を失う耐え難い悲しみを「しるし」として背負うことで、エゼキエルはこの破局をあらかじめ体験しています。神はエゼキエルにこう告げました。

人の子よ、私はあなたの目に慕《した》わしい者を、一撃のうちにあなたから取り去る。あなたは嘆いてはならない。泣いてはならない。涙を流してはならない。声を立てずに呻《うめ》け。死者のために喪に服するな。頭飾りを巻き、足にサンダルを履け。口ひげを覆ってはならない。嘆きのパンを食べてはならない。(エゼキエル書24章16〜17節)

神は最愛の妻を失う悲しみを試練としてエゼキエルに与えました。それに耐えることで、神の計画が証言される。このように、神に命じられた行為を人間が行うことを通して、神の意志が示されることを、「預言者的象徴行為」と呼びます。旧約聖書にはこのような例がいくつか見られます。

そして神の告知通りに、妻は死ぬ。エゼキエルは神に命じられた通りに、その悲しみに黙して耐えることになります。やがて、それが象徴するものとして、神殿が崩壊したという悲報が捕囚の地に届くのです。こうした悲劇を前にして泣くことすらできなかったこの預言者の姿に、私たちは思わずたじろいでしまいます。

自らの職務のゆえに妻に寄りそうこともできず、その死を悲しみ喪に服することもできないエゼキエルの現実を私たちは読むことになります。かつての鉄道員のように日々時間刻みの職場を離れることができない人は、妻が危篤《きとく》になっても、職務を放棄することはできないかもしれません。今の時代もそういう過酷な職場環境で働く人たちがいます。エゼキエルがここで感じた孤独は、それと似ています。

しかし、エゼキエルはこの経験によって、裁きではなく救済を語る預言者になる。捕囚の地に悲報が届くと、彼は黙することをもはや止め、神による救済を語り始めます。すべてを失った嘆きの民に寄りそい、神はイスラエルの裁きの後に復興を計画しているのだ、と、ひたすら慰めを語る預言者になりました。

エゼキエルの預言は、「彼らは生き返り、自分の足で立ち、おびただしい大軍となった」(同37章10節)と表現されているように、捕囚の地で生きる希望を失っていた人々に力を与え、立ち上がらせます。エゼキエルによって、死んで干からびた骨が甦る。最愛の妻を失い、嘆くことも禁じられ、ただ立ちすくむエゼキエルの孤独は、同じように立ちすくむ人々に希望を与えずにはおかなかったのです。

5　神に見捨てられた詩編詩人――絶望から発する叫びこそが祈りである

わが神、わが神、なぜ私をお見捨てになったのか。私の悲嘆の言葉は救いから遠い。（詩編22編2節）

†キリストの嘆き

詩編とは、旧約聖書時代のイスラエル人の祈りが記された壮大な詩文集です。そこには人々の祈りや賛美だけでなく、人々が神に訴える悲しみ、嘆き、苦しみ、また喜びや怒り、さらに復讐を訴える言葉すらも綴られています。

その一つ、詩編22編には「わが神、わが神、なぜ私をお見捨てになったのか」という悲痛な叫びがあり、たいへんよく知られています。これがイエス・キリストの十字架での叫びとして新約聖書にも出てくるからです。

三時ごろ、イエスは大声で叫ばれた。「エリ、エリ、レマ、サバクタニ。」これは、「わが神、わが神、なぜ私をお見捨てになったのですか」という意味である。（マタイ福音書27章46節）

これは、神の子であるイエス・キリストが十字架に磔にされ、断末魔の苦しみの果てに叫んだ言葉です。神に見捨てられたキリストが神に向かって絶叫するのです。この絶望的な叫びとまったく同じ言葉が旧約聖書の詩編22編に書かれています。この詩編の言葉は新約聖書に描かれるキリストの叫びの起源だと言ってよいでしょう。

ただし、新約聖書の「エリ、エリ、レマ、サバクタニ」という言葉は、ヘブライ語とアラム語が混合した表現になっています。「エリ」（マルコ福音書では「エロイ」）はヘブライ語で「わが神」という意味ですが、「私をお見捨てになったのですか」を意味する「サバクタニ」はアラム語です。

新約聖書自体はギリシア語で書かれているので、キリスト自身の言葉の音韻的伝承の由来について確かなことはわかりませんが、とにかく、この旧約聖書の詩編の言葉はどういう意味なのかを探究してみましょう。

詩編とは一五〇編から成る詩文集ですが、その多くには表題が付いていて、その詩の背景を説明してくれます。しかし、その表題は後の時代に編集されたときに付けられたもので、詩文自体は実際には表題とは無関係とされています。この表題には特に「ダビデの詩」と記されるものが多く、詩編全体もダビデが書いたという伝説が生まれました。ここで触れた22編にも「ダビデの詩」という表題が付いています。

22編は長文の詩編として書き記され、前半部と後半部に分かれ、前半部は深い嘆きを表し、後半部は神を賛美する詩文になっています。もともと別々であった二つ詩が一つに繋げられたと説明する学者もいますが、決してそのようには読めません。

深い嘆きが神への賛美に変わる。これが詩編の特徴と言えます。つまり最初は嘆いているが、その祈りは次第に明るい方向に変わり、最後は神を褒め讃える歌になるのです。嘆きが賛美に変わるというのは不思議な変化ですが、詩編にはそのような心情の変化がしばしば見られます。

この22編は「わが神、わが神、なぜ私をお見捨てになったのか」という言葉から始まります。ヘブライ語原文では「エリ、エリ、レマ、アザブタニ」です。ヘブライ語とアラム語はよく似た言語で、最後の「アザブタニ」をアラム語にすると、「サバクタニ」になります。神に見捨てられたことへの痛々しい嘆きの言葉です。この表題には「ダビデの詩」と書かれていますので、この嘆きはダビデの人生を映し出しているはずです。

†ダビデの叫び

ダビデはイスラエルの王でした。けれども最初から王であったわけではありません。ダビデが即位する前にサウルという王がいました。サウルはイスラエルの最初の王でしたが失政を繰り返し、台頭してくる若い部下のダビデに嫉妬して、彼を殺そうと企みます。危機を察したダビデはサウルの前から姿を隠して逃亡するのですが、サウルの力に太刀打ちできず、どんどん追い詰められていきます。サムエル記にはこのときのダビデの物語が書かれています。

逃亡の途中、ダビデが偶然にもサウルが宿営した洞穴に潜み、サウルを倒す千載一遇《せんざいいちぐう》のチャンスがあったにもかかわらず、それをせずに立ち去るという逸話があります（サムエル記上24章）。サウルは神によって王に選ばれた人間なので、そのサウルをダビデは自らの手で倒すことはできなかったのです。

こうして追い詰められるダビデの苦難の前半生を辿ると、詩編22編で「多くの雄牛が私を取り囲み、バシャンの強い牛が私を取り巻いた」（詩編22編13節）、「あなたは私を死の塵《ちり》に捨て置かれた」（同16節）、「骨はことごとく外れた。心臓は蠟《ろう》のようになり、体の内で溶けた」（同15節）というような表現の意味が汲み取れます。

逃げ場がなくなったダビデは死を覚悟します。「わが神、わが神、なぜ私をお見捨てになったのか」という言葉は文字通り、もう神は私を助けてはくれない、私にはもはや逃げ場はない、神は私を見捨ててしまわれたというダビデの絶望の言葉として読み取れるでしょう。つまりこれは、神に見捨てられた孤独な苦しみの言葉なのです。

†ほんとうに絶望した者は祈らない

キリストは自らを神の子と呼んだため、神を冒瀆《ぼうとく》した罪に問われ、両手両足を釘づけにして十字架に吊るされ、最後にダビデと同じ言葉を叫んで息を引き取りました。

新約聖書において、キリストは神に見捨てられ、すべての人間の罪を自ら担い身代わりになって死を遂げたとされます。初期キリスト教はキリストの死を「贖罪《しょくざい》の死」と意味付けました。それゆえに、キリスト者はこのキリストの叫びを、自らの罪の代わりに死んでくださった救い主の苦しみに重ね合わせます。

本来、我々みんなが神から見捨てられた存在です。だから、「わが神、わが神、なぜ私をお見捨てになったのですか」というキリストの叫びは、我々の代わりにキリストが叫んでくれたものだと読み取れるのです。

詩編22編では、「わが神、わが神、なぜ私をお見捨てになったのか」から詩文が始まります。しかし、この詩編はそのまま苦悩の叫びでは終わりません。叫びはやがて安堵に変わり、最後は神への賛美で締め括られます。キリストの十字架での叫びが、もし旧約聖書の詩編22編を暗誦《あんしょう》していたものだとすれば、その叫びは賛美に至る前に途切れたということかもしれません。

「わが神……」という一節は、神に見捨てられた人間の、不幸な、絶望的なイメージで理解されます。けれども、もしほんとうに神を失ったのなら、このように神に向かって祈ることはありえないはずです。したがって逆説的ですが、これは真正の祈りの言葉にほかならないでしょう。

最先端の高度な治療が可能となった現代でも、あらゆる検査の結果、余命宣告を受ける人がいます。そうした絶望に直面するのは、なにも詩編詩人だけではありません。絶望と孤独に立ちすくむとき、人はどのような言葉を発するでしょうか。「わが神、わが神……」と叫ぶことができるならば、たとえそれが絶望の叫びであったとしても、そのこと自体が、すでに目に見えない救済に招き入れられているように思われます。

6　一番弟子ペトロ——挫折を抱きしめて

「今日、鶏が鳴く前に、あなたは三度、私を知らないと言うだろう」と言われた主の言葉を思い出した。そして外に出て、激しく泣いた。（ルカ福音書22章61〜62節）

†キリストの一番弟子

イエス・キリストの十二人の弟子の中で、誰よりもキリストに信頼されたのがペトロです。彼については、たくさんの逸話があり、人間的な魅力にあふれた愛すべき人物でもあったようです。

ペトロとはギリシア語では「岩」という意味です。もともとはアラム語の「岩」を意味する「ケファ」と呼ばれていたようですが、改めてギリシア語でペトロと名付けられました。

キリストはこのペトロに対して「私はこの岩の上に私の教会を建てよう」と告げ（マタイ福音書16章18節）、その言葉通りにペトロが初代ローマ教皇となったのはあまりに有名です。岩の上に教会を建てるというのは、ペトロに「天の国の鍵を授ける」、つまり地上で最大の権威を与えることを意味します。それほどまでにキリストはペトロに信頼を寄せていたのです。

ペトロという人物について、新約聖書から紹介しましょう。彼はもともとガリラヤ湖で魚を獲ることを生業《なりわい》とする漁師でした。漁をしていたペトロは、湖畔を歩くナザレのイエスに「あなたは人間を取る漁師になる」と招かれてイエスの最初の弟子になります。イエスの十二人の弟子の中にはガリラヤ出身者が多く、ペトロのみならず、その兄弟アンデレ、またゼベダイの子ヤコブとヨハネの兄弟も漁師でした。彼らは高度な教育を受けた知的階層に属しているわけではなかったのです。

ペトロは他の弟子たちと共にイエスの宣教に同行しますが、イエスがいわゆるイスラエルを救済する救い主（＝メシア、キリスト）であると最初からきちんと理解していたわけではありません。

先ほどの岩の上に教会を建てるという話に続く逸話が象徴的です。「あなたは私を誰と言うか」とイエスに問われ、ペトロは「あなたこそ、メシアです」と答えますが、その直後にまったく思いがけないことが起きます。

イエスが、自分がやがて十字架に掛けられて殺され、その三日後に復活するだろうと予告すると、ペトロはとんでもないと応答し、「そんなことはあってはならない」とイエスを脇へ呼んで諫《いさ》めたのです。

旧約聖書では、メシアとはイスラエルを統治する王ですから、まさかそのイエスがそのような悲惨を経験するはずはないと考えたのです。そのペトロをイエスは「サタン、引き下がれ」と一喝し、ペトロはとんだ失態を演じることになります。

しかし、ペトロはイエスから「天国の鍵を授ける」と言われたように、イエスの死後、初代教会において使徒たちの中心となる指導者になりました。新約聖書にはペトロの最期についての記録はありませんが、キリストにつき従い、ローマで殉教を遂げたという伝承があります。

†弟子たちの裏切り

キリストの一番弟子で、信頼も厚いペトロは、にもかかわらず私淑するイエスを裏切ってしまいます。しかも、一度のみならず、二度も三度も。

イエスが弟子たちと最後の晩餐を共にした後、ペトロは「主よ、ご一緒になら、牢であろうと死であろうと覚悟しております」とイエスに誓いますが、イエスは「ペトロ、言っておくが、今日、鶏が鳴くまでに、あなたは三度、私を知らないと言うだろう」と予告します。

この後、イエスをめぐる動きが急展開します。イエスが捕らえられ、大祭司の家に連行される。それを知った弟子たちは恐ろしくなり、イエスを残して逃げてしまうのです。しかし、ペトロはイエスを追いかけて密かに大祭司の家の庭に入り、イエスに近づく機会をうかがいました。

ところが、その庭で、お前はイエスの仲間ではないかと疑われ、ペトロはそれを否定してしまいます。その後、別の人からも怪しいと睨まれ、二度目の否定をします。さらにしばらくして、また別の人が「確かに、この人もイエスと一緒の仲間だ」と証言したとき、ペトロは「あなたの言うことは分からない」と強く否定してしまうのです。

その言葉をまだ言い終えないうちに、たちまち鶏が鳴きました。このときのペトロについて、聖書はこのように記録しています。

主は振り向いてペトロを見つめられた。ペトロは、「今日、鶏が鳴く前に、あなたは三度、私を知らないと言うだろう」と言われた主の言葉を思い出した。そして外に出て、

激しく泣いた。（ルカ福音書22章61〜62節）

このペトロによる裏切りの場面は非常に文学的に記述されているので、感動を禁じ得ません。

まるでペトロ自身が証言しているような、彼の感情がほとばしる場面です。イエスの眼《まな》差《ざ》しが注がれたにもかかわらず、顔を背けて立ち去り、独りでおいおい泣いたペトロの姿が書き記されています。

ペトロはイエスの顔を見て、声に出して「私はこの人の弟子だ」と叫ぶこともできたはずです。あるいは、せめてイエスに向かって一礼してからそこを立ち去ることだってできたでしょう。しかし、ペトロは何もせずに立ち去り、独りで泣きじゃくるのです。

それは、イエスの弟子であることを知られれば、自分も捕まり処刑されてしまうだろうと予想できたからです。裏切りとはリアルな人間ドラマです。そもそも「裏切り」という言葉は、聖書ではギリシア語もヘブライ語も「引き渡す」ことを意味します。もちろん、ペトロは直接イエスを引き渡したわけではありません。しかし、この場面で無関係を装うことは、イエスを十字架に「引き渡す」ことと同じでした。

†挫折から立ち上がる心

ペトロの裏切りを弁護することも可能でしょう。
なぜなら、ペトロは逃げながらも、イエスの後に付いていったからです。それはイエスに近づき、機会があればイエスを助け出そうと考えたからではないでしょうか。ペトロにはイエスを裏切りたくないという思いがありました。それを否定することはできません。しかし、すさまじい現実の力によってペトロの意志ははじかれ、なすすべなく蹲《うずくま》るしかありませんでした。

これがペトロの裏切りであり、人間的挫折の物語です。ペトロは「主の言葉を思い出し」、生涯その思い出が消え去らなかった。しかし、だからこそペトロはその後、キリストに従う人生を選びました。自らの裏切りを悔いながらも、彼は前に進みます。かつて、自分は決して裏切ったりしないと啖呵《たんか》を切ったペトロに、イエスがかけた言葉があります。

私は信仰がなくならないように、あなたのために祈った。だから、あなたが立ち直ったときには、兄弟たちを力づけてやりなさい。（ルカ福音書22章32節）

はっとさせられる言葉です。イエスはペトロの痛恨の裏切りをあらかじめ知っていたのみならず、ペトロがそこから立ち直り、彼が同じように苦しむ者たちを励ます人間に成長することを見通していたのです。自らの裏切りに立ちすくむペトロは、すでにイエスの赦《ゆる》しの眼差しの中にいたのです。

立ち直れ、立ち直ったら同じ苦しみの中にいる仲間を助けよ。それがイエスの弟子ペトロに委ねられた使命でした。人生最大の挫折をしたペトロはこのようにして挫折を乗り越えていくのです。

Ⅱ 働くことに疲れたら

神に向かって自らの境遇を嘆く預言者エレミヤは、孤独な生涯を全うする。
（レンブラント「エルサレム滅亡を嘆く預言者エレミヤ」）

1　コヘレトの空しさ――働く意味が感じられなくなったとき

見よ、私が幸せと見るのは、神から与えられた短い人生の日々、心地よく食べて飲み、また太陽の下でなされるすべての労苦に幸せを見いだすことである。それこそが人の受ける分である。神は、富や宝を与えたすべての人に、そこから食べ、その受ける分を手にし、その労苦を楽しむよう力を与える。これこそが神の賜物《たまもの》である。（コヘレトの言葉5章17〜18節）

†すべてが空しい

旧約聖書に「コヘレトの言葉」という一風変わった書があります。一風変わったというのは、この書には他の書に比べて神聖さを欠いた言葉が目に付くからです。

例えば、冒頭からいきなり「一切は空《くう》である」という表現が出てきて驚かされます。「空」という言葉は「空《むな》しい」とも訳されますが、どうも仏教的な、また厭世《えんせい》的なイメージが漂います。これを書いたコヘレトはどことなく斜《しゃ》に構えて世界を見つめているようです。しかし、聖書らしくないことが書かれている「コヘレトの言葉」が、逆に私たちに親しみやすさを感じさせるのも事実です。

このコヘレトが労働について面白いことを書いています。

銀を愛する者は銀に満足することがなく、財産を愛する者は利益に満足しない。これもまた空《くう》である。富が増せば、それを食らう者たちも多くなる。持ち主は眺めるほかにどのような得があるのか。たらふく食べても、少ししか食べなくても、働く者の眠りは快い。富める者は食べ飽きていようとも、安らかに眠れない。（コヘレトの言葉5章9～11節）

実に皮肉たっぷりの書き方です。現代にも当てはまる風刺的格言だと言えるのではないでしょうか。一方で、富を得るために目をギラギラさせて生きる金持ちを揶揄《やゆ》し、他方で、ひたすら働く貧しい人々への優しい眼差しが読み取れます。

労働について、さらにコヘレトはこう書いています。

一人の男がいた。孤独で、息子も兄弟もない。彼の労苦に果てはなく、彼の目は富に満足しない。「誰のために私は労苦し、私自身の幸せを失わなければならないのか。」これもまた空《くう》であり、つらい務めである。（同4章8節）

現代ならば猛烈に働く企業戦士の姿を思い出さないでしょうか。富を得ることだけが目的で、家族も友人もいらないという生き方をする人間がいるというのです。自分は何のために働くのか、誰のために働くのかを考えることもせず、ひたすら富を得るために奔走している。それでいいのかとコヘレトは問うています。

†人を蹴落とすために労働するのか？

コヘレトは紀元前三〜二世紀に生きた人物だと言われています。旧約聖書に描かれる時代としてはおそらく最後の頃です。ギリシア文化の影響でユダヤ社会が混迷していた時代、あるいはまた伝統的な思想や宗教が崩壊していく歴史的転換期に当たります。先が見通せず、努力しても報われず、理不尽なことばかり起こる時代に、どう生きるべきかをコヘレトは考え、模索しているのです。

コヘレトは労働について深く考えています。「労苦する」（アーマル）という言葉が繰り返されますが、これは「労働する」ということです。労働は、旧約聖書では人間の宿命として捉えられます。最初の人間アダムは楽園を追放されてしまいますが、そのときにアダムは「お前は額に汗して、苦しんで働くのだ」という厳しい宣告を受けるのです（創世記3章17〜19節）。

ここから、労働とは罪を犯した人間が神から与えられる裁きであり、宿命だというような考え方が生まれました。けれども、旧約聖書をよく読むと、神は人間に裁きとして労働をさせたわけではなく、労働は罪責ではありません。

神は楽園からアダムを追放する際に、彼を保護する皮の着物を与えています（同21節）。そのため、神はアダムを楽園から追放したのではなく、むしろ楽園から派遣したのだと言うこともできるかもしれません。額に汗して働き、大地に仕えることこそが神から与えられた使命でした。楽園からの追放（＝派遣）とは、地上において歴史と文化を創造する務めの付与であり、神から委ねられた自然世界をよきものとして管理するということです。

コヘレトは、「労苦する」という言葉を否定的な意味で使っているわけではありません。「労苦」には、労働による結果や実りも含まれます。「アーマル」を「労苦」と訳すと、「苦労ばかりの骨折り仕事」のように受け取られてしまいますが、そうではありません。コヘレトの言う労苦とは、むしろ生きることのすべてを含んでいるのです。

コヘレトは労働について、「私はあらゆる労苦とあらゆる秀でた業《わざ》を見た。それは仲間に対する妬《ねた》みによるものである。これもまた空《くう》であり、風を追うようなことである」と言っています（コヘレトの言葉4章4節）。

この箇所から、コヘレトが労働をどう見ているかがよくわかります。仲間を羨み、蹴落とすようなことが労働なのかと問うているわけです。懸命に自分の仕事をするより、仲間より秀でることが仕事の目標となる労働の歪んだ現実を見ています。

今から二〇〇〇年以上昔のユダヤ地方において、労働についてこういう洞察がされていたとは驚きです。コヘレトが考えたことは、現在の私たちとも重なるのではないでしょうか。労働とは何か、働くとは何かとコヘレトは真剣に問うています。

†今日を人生最後の日として生きる

それでは、真の労働とは何なのでしょうか。

見よ、私が幸せと見るのは、神から与えられた短い人生の日々、心地よく食べて飲み、また太陽の下でなされるすべての労苦に幸せを見いだすことである。それこそが人の受ける分である。神は、富や宝を与えたすべての人に、そこから食べ、その受ける分を手にし、その労苦を楽しむよう力を与える。これこそが神の賜物《たまもの》である。（同5章17〜18節）

コヘレトは、幸せとは労苦することであり、労働それ自体が神から与えられた賜物だと言います。とても意味深いことです。額に汗して働いて一日を終え、家族と共に食事をする。ああ、今日も一日働いた、その心地よさに感謝する。富を得るためではなく、仲間より秀でることでもなく、自分に与えられた務めを神からの賜物と感謝し、精一杯働く。そのことが幸せであり、それこそが神から与えられた分け前だとコヘレトは見ています。

また、コヘレトは労働することのみならず、食べて飲むことも幸いだと言います。享楽主義者の言葉だと誤解されそうですが、そうではありません。ここで言う「食べること、飲むこと」というのは宴会での享楽的食事のことではなく日常の食事のことです。

食事が幸せだなどとはふだん誰も考えないかもしれません。しかし、人生は短く、限られています。コヘレトは「空《くう》」（ヘベル）という言葉を繰り返しますが、それはまさしく「人生は短い」という意味です。明日は生きられないかもしれない。もし今日という日が最後の日となったら、ほんのささやかな食事であっても、それが最大の喜びとなるでしょう。一日働いて、家族と共に心地よく食べて飲むことこそ、何物にも代えがたい喜びであり幸いなのです。

人生は短いということに気づけば、日常茶飯事こそが喜びとなる。与えられた労働は、今日という日を神から与えられた人生最後の日として生きることです。そのような労苦こそが幸いだとコヘレトは教えてくれます。働くことに疲れたとき、私たちに力を与えてくれるとても味わい深い教えではないでしょうか。

2　安息日とは何か――働くことから距離を置く

安息日を覚えて、これを聖別《せいべつ》しなさい。六日間は働いて、あなたのすべての仕事をしなさい。しかし、七日目はあなたの神、主の安息日であるから、どのような仕事もしてはならない。あなたも、息子も娘も、男女の奴隷も、家畜も、町の中にいるあなたの寄留者も同様である。主は六日のうちに、天と地と海と、そこにあるすべてのものを造り、七日目に休息された。それゆえ、主は安息日を祝福して、これを聖別されたのである。（出エジプト記20章8〜11節）

†神が天地創造を終えて休んだ安息日

旧約聖書には、神が預言者モーセに与えた約束、すなわち十戒《じっかい》のエピソードがあります。十戒という字面から、一般的には厳しい律法の掟として敬遠されるかもしれませんが、旧約聖書のイスラエルの民にとっては命がけで守るべき神との約束でした。というのも、彼らはかつてエジプトで奴隷として過酷な労働を強いられ、そこから神によって奇跡的に助け出される経験をしたからです。

自分たちを救い出してくれた神と契約を結び、そのしるしとして、十戒を守る約束をしたのです。ですから、十戒というのは掟ではなく、むしろ救いの神に対する信頼の表明と言ってもよいのです。

十戒の冒頭では、「私は主、あなたの神、あなたをエジプトの地、奴隷の家から導き出した者である」と神による救済が宣言されています。これに応答して、イスラエルの民は十戒を守ることを約束します。

この十戒の中に、安息日についての戒めがあります。第四の戒めです。

安息日を覚えて、これを聖別《せいべつ》しなさい。六日間は働いて、あなたのすべての仕事をしなさい。しかし、七日目はあなたの神、主の安息日であるから、どのような仕事もしてはならない。あなたも、息子も娘も、男女の奴隷も、家畜も、町の中にいるあなたの寄留者も同様である。主は六日のうちに、天と地と海と、そこにあるすべてのものを造り、七日目に休息された。それゆえ、主は安息日を祝福して、これを聖別されたのである。

（同20章8〜11節）

創世記によれば、神は天と地を、そして六日間ですべてのものを創造し、七日目に休まれました。それゆえに、七日目を安息日と呼ぶのです。天地創造が七日間で完了したという創世記の記述には、すでに祭司的な暦《こよみ》の思想が前提されています。その神による創造の秩序において、安息日とは極めて重要なものです。この日はすべての仕事を休み、神を礼拝しなければなりません。

一方、ユダヤ教では安息日は土曜日とされています。日曜日から土曜日までが一週間で、土曜日は安息日として休むのです。金曜日の日没から安息日が始まります。そのため、聖書でも、キリストが十字架で息を引き取った金曜日の日没までに、どうしても死体を墓に納める必要がありました。安息日には労働をしてはならないからです。

ユダヤ教では土曜日が安息日ですが、キリスト教では日曜日が安息日です。それは、キリストが墓から甦ったのが、ユダヤ教の安息日が明けた日曜日（週の初めの日）の朝だったからです。キリスト復活の日曜日をキリスト教は安息日と再解釈し、教会で礼拝をしています。キリスト教は、キリストが律法の掟を打ち破ったと見ることによって、安息日を新たに解釈し直したのです。

†絶対に仕事をしない日を作る

さて、安息日について、十戒の第四戒では「これを聖別しなさい」と命じられています。「安息日を聖別する」とは、安息日を他の六日間とは徹底的に区別するという意味で、すべての仕事を休まなければなりません。ユダヤ教では安息日にシナゴーグで礼拝をし、またキリスト教では日曜日を安息日として、この日に教会に集まり礼拝をします。これが安息日を聖別するということになります。

これは言い換えると「時間の聖別」です。ヘッシェルというユダヤ教の学者がこのことを強調しています。安息日は自分の時間ではなく、創造主なる神のための時間です。人間は神によって創造され、命を与えられた存在だからです。だから、六日間働いて、七日目の安息日には日常の仕事をきっぱりとやめ、神にお返しする。

たとえどこにいようとも、七日目は神御自身のもの。自分の都合で勝手に用いることをしない聖なる時間なのです。その時間を神に捧げ、神にお返しする。ヘッシェルはそうした時間として安息日の「聖別」を説明します。時間に追われ、時間を自分のものだと思い込んでいる現代人が襟を正される思想です。ユダヤ教もキリスト教も、基本的にはそのように安息日を聖別するという生き方を大事にします。

安息日のことをヘブライ語で「シャバート」と言います。これはもともと「止めること」「放棄すること」を意味するヘブライ語の動詞「シャーバト」に由来しています。ですから、安息日とは文字通り仕事を「止めて、休む日」です。「七日目は、あなたの神、主の安息日であるから、いかなる仕事もしてはならない」のです。つまり、シャバートは人間の行動を制限し、労働を中断させることを意味します。

†時間は自分のものではない

私たちはふだん時間は自分のものだと考えています。自分の時間を支配するのは自分自身だと。けれども、人間は時間を支配することはできません。自分で支配しているように見えながら、実はそうではないのです。私たちは時間を止めることはできず、寿命を長くすることもできません。どうあがいても、人生にはいつか必ず終わりが来る。ですから、時間はもともと神に属するものだと言うほかありません。

安息日が来るごとに、神から時間をお借りしていることを思い出し、時間を神に捧げる。安息日はそのように自分の時間を神に返す日です。そういう意味で、安息日を聖別することとは神の創造の秩序に属する事柄だと言えるでしょう。

「目標達成」「生産拡大」「経済効率」……。そういう言葉が無条件で肯定される現代において、安息日を守ることは、社会に背を向ける態度を私たちに迫りますが、時にはあえて仕事を止める、中断する、断念するということも必要なのではないでしょうか。

こうして聖書は経済至上主義にも疑問を投げかけます。仕事を中断することで不利益を被ったり、まわりに理解されないこともあるかもしれません。けれども、そういう経験もまた大事なことではないでしょうか。こうして労働に疲れた私たちに、十戒の第四戒は慰めを与えてくれるでしょう。

旧約聖書では安息日のほかに、「安息年」と呼ばれるものもあります。七年目に畑を休耕し、奴隷を解放するのです。これは畑を一度自然に戻すことにもなり、生態学的にも重要なことであって、現代の地球環境保全の思想にも繋がります。

さらに、旧約聖書では五〇年目は「ヨベルの年」と呼ばれ、すべての債務が帳消しにされます。債権者が債権を永久に放棄するのです。ありそうもない理想的なきれい事のように思われるかもしれませんが、この破格の、そして一方的な赦しがキリストの十字架の愛を想起させます。

キリストは「受けるより与える方が幸い」であると言いました。これにならって、ただ何かを得ることだけを目指して生きるより、何かを放棄する生き方の方を考えてみたいと思わされます。

3　苦悩の預言者エレミヤ――報われないときこそ前向きに

なぜ、私は胎から出て、労苦と悲しみに遭い、生涯を恥の中に終えなければならないのか。（エレミヤ書20章18節）

†嫌われた預言者

エレミヤという苦難の預言者がいます。彼が生きた時代は旧約聖書の歴史において最も激動した時期で、ユダ王国がバビロニアに滅ぼされ、悲惨な破局的終末を迎えました。エレミヤは時代の怒濤に飲み込まれながら預言活動をしますが、預言者であるにもかかわらず、最期まで報われませんでした。その活動は半世紀に及びました。

このエレミヤの預言が記されている「エレミヤ書」は非常に錯綜した文書で、そもそもエレミヤがすべてを書き記した預言書ではありません。彼が実際に語った言葉ももちろんありますが、書記バルクがエレミヤの言葉を書き留め、さらに申命記主義的編集者がそれを書き継ぎ、幾重にも盛り土がされた結果、出来上がったのが今日の「エレミヤ書」です。

エレミヤが預言者になったのは紀元前七世紀後半、ユダ王国ヨシヤ王の時代です。おそらくまだ一〇代の若者であったエレミヤが、ある日突然、神によって召し出されたことに戸惑い躊躇《ちゅうちょ》していると、「まだ若いと言うな。恐れず、私が命じる言葉を語れ」と神に説得され、預言者として立つ決断をします（エレミヤ書1章）。

時代はやがて激動期に移ります。ヨシヤ王の死後、ユダ王国の人々は興隆する大国バビロニアの侵略に恐怖を募らせ、人々は異常な興奮状態に陥ります。そして紀元前五九八年、バビロニアの侵攻によってユダ王国の都エルサレムはひとたび陥落し、多くの人々がバビロニアに捕囚され、ヨヤキン王も捕らえられました。

バビロニアは代わりにゼデキヤを王として擁立するのですが、そのゼデキヤがバビロニアに反抗を企てたため、バビロニアの王ネブカドネツァルは大軍を投入しました。そして都エルサレムはバビロニア軍に包囲され、兵糧攻めとなって紀元前五八七年、ついに陥落するのです。

エルサレムはすでに飢餓のために生き地獄となり、またバビロニア軍の侵攻によって多くの人々が剣に倒れ、阿鼻叫喚《あびきようかん》の中で都は破壊し尽くされました。生き残った者たちは捕囚の民としてバビロニアに強制連行されることになります。イスラエルの人々の魂の拠り所であった神殿までも破壊され、王国は消滅しました。この出来事の直後にエレミヤはエジプトに連れ去られ、生涯を終えたと言われます。

この危機的な時代に、エレミヤは神の言葉を預言します。けれども、その預言は歓迎されませんでした。歓迎されないどころか、人々は彼の預言に耳を塞ぎ、支持する者はほとんどいませんでした。預言が書き記された巻物がヨヤキム王によって切り刻まれ燃やされたり、エレミヤ自身も捕らえられ、水溜めに投げ込まれるという悲惨な経験をします。

エレミヤの預言が歓迎されなかったのは、それが「この国は亡びる」という不吉な出来事を示す審判預言であったからです。神との契約を忘れ、律法に背を向け、神に立ち帰ろうとしないこんな国は滅びるとエレミヤは預言します。しかし、人々は自分たちは神に選ばれた民なのだから、バビロニアになど滅ぼされるはずはないと信じ込もうとします。不安の中で、誰もが救済の言葉を求めていたのです。

それに対し、エレミヤは滅亡を預言し、人々に悔い改めを説き、敵であるバビロニアの王ネブカドネツァルは神の僕《しもべ》であるとすら語っています（同27章6節）。このような時代背景を考えると、エレミヤの預言はとんでもないものでした。

けれども、エレミヤは神の裁きの向こうに救済を見ていました。裁きを通して救済が実現されるという神の計画が、新しい契約として記されます（同31章）。やがて神がイスラエルの民と契約を結ぶ日が来る。それは神御自身が一方的に、人々の心に律法の言葉を刻み付けることにより実現する。その日、人々の過ちは赦され、もはや罪は想起されないと言います。これは旧約聖書の歴史を超えた終末の日の預言と言うほかありません。

†報われない苦悩に耐える

エレミヤの苦悩が書き記された「エレミヤの告白録」があります（同11、15、17、18、20章）。その中で最も深刻な苦悩が記されているのが20章です。

エレミヤは神に召し出され、「私の言葉を語れ」と命じられ、ひたすら神の言葉を語り続けてきました。そんな彼には預言者として生きる誇りと使命感がありました。ところが、いくら語っても誰も彼の言葉を聞こうとしません。皆が耳を閉ざし、自分から遠ざかっていく。「私は一日中笑い物となり、皆が私を嘲ります」とエレミヤは嘆いています。

彼はもう預言するのはやめようと心に決めますが、うまくいきません。

私が、「もう主を思い起こさない、その名によって語らない」と思っても、主の言葉は私の心の中、骨の中に閉じ込められて、燃える火のようになります。押さえつけるのに私は疲れ果てました。私は耐えられません。（同20章9節）

これは悲痛な叫びです。エレミヤは預言者として召し出された以上、その使命を果たす以外に生きようがありません。預言することを止めようとしてもできない。その結果として、絶望的な嘆きがほとばしります。

その日に、私を胎内で死なせず、母を私の墓とせず、その胎をいつまでも身ごもったままにしておかなかったからである。なぜ、私は胎から出て、労苦と悲しみに遭い、生涯を恥の中に終えなければならないのか。(同20章17〜18節)

これは極限の嘆きです。エレミヤはなぜ自分が生まれて来たのかと神に問いかけます。自分の存在を否定するすさまじい言葉が彼の口から語られ、自らの報われない人生を否定するのです。

彼の絶望的な嘆きはしかし、自死という仕方で終わるのではありません。彼はなぜ自分は生まれたのかを問いかけつつ、孤独な生涯を全うします。労苦と苦しみに遭い、恥の中に生きることを最後までやめませんでした。

人生は報われませんでしたが、彼は歴史の破局の向こう側にある救済を常に見つめていました。彼がのちに行ったある行為が、そのことを示しています。

ユダ王国が滅亡する寸前に、エレミヤは故郷アナトトの畑を買い取り、その正式な証文を残します。国が亡びる直前に土地を買うなんてまったくばかげた行為です。けれども、エレミヤはあえてそれをすることによって、その先にある確かな救済を予告したのです。

これが象徴行為と呼ばれるものです。神はユダ王国の滅亡の先に救済を計画しておられると確信し、エレミヤは身をもってそれを示しました。生きている限り報われないことを承知の上で、にもかかわらず、彼自身が希望の先駆けとなったのです。そうしたエレミヤの預言はやがて成就《じょうじゅ》しました。

エレミヤの生涯のことを思うとき、私はいつも、日本の明治期の社会運動家・田中正造《たなかしょうぞう》を思い出します。足尾鉱毒反対運動に生涯を捧げた人物です。彼は衆議院議員を辞してまで足尾鉱毒被害農民に寄りそい、政府と古河財閥を糾弾し、孤独と苦悩に耐えました。田中の遺品は手帳と聖書と鼻紙と石ころ数個だけだったと言われています。

報われないことは辛いことです。エレミヤのように報われないことは今の時代にもあるのではないでしょうか。しかし、報われるか報われないかという打算ではなく、自らの志を捨てず、信念を貫く生き方もあります。エレミヤの言葉が私たちに示唆を与えてくれるかもしれません。

4　歴史を見通した預言者イザヤ——人々を鼓舞する言葉

若者も疲れ、弱り、若い男もつまずき倒れる。しかし、主を待ち望む者は新たな力を得、鷲のように翼を広げて舞い上がる。走っても弱ることがなく、歩いても疲れることはない。（イザヤ書40章30〜31節）

†生きがいを無くした捕囚民

こんな仕事をやっていて、果たして報われる日は来るのだろうかと溜め息をつく人がいるでしょう。先が見えず、投げ出してしまいたい思いと必死に戦っている人もいるに違いありません。旧約聖書の中にこのような状況を生き抜いた預言者がいます。第二イザヤと呼ばれる無名の預言者です。

「第二イザヤ」と書きましたが、これは便宜上の名称です。全体で六六章から成る壮大なイザヤ書の中で40〜55章が「第二イザヤ」と呼ばれています。

預言者イザヤは紀元前八世紀に活躍した預言者で、その約二〇〇年後に登場した預言者が第二イザヤです。聖書には名前が書かれていないので、まるで紀元前八世紀の預言者イザヤと同一人物かのように読めてしまうのですが、別の預言者です。そこで二人を区別するために第二イザヤと呼んでいるのです。

イザヤ書という預言書については、三つに区分して説明されるのが普通です。1～39章が第一イザヤ、40～55章が第二イザヤ、56～66章が第三イザヤです。しかし今日、イザヤ書全体が一つの統一体であることが改めて認識されるようになりました。つまり、イザヤの預言が保存され、またそれに書き加えられ、発展するプロセスにおいてイザヤ書が成立したということです。

そういう意味で、第二イザヤはイザヤの預言の中に姿を隠している預言者に過ぎません。この第二イザヤの預言が新約聖書では、洗礼者ヨハネの登場の際に引用されています。

「荒れ野で叫ぶ者の声がする。『主の道を備えよ、その道筋をまっすぐにせよ。』」（マルコ福音書1章3節）

洗礼者ヨハネはイエス・キリストの到来を予告する先駆者として知られます。彼は自らを「かがんでその方（キリスト）の履物のひもを解く値打ちもない」存在だと卑下し、キリストのために道を備える脇役に徹しました。それは、第二イザヤがイザヤの「声」になり切ることで預言者としての務めを果たしたことと重なります。第二イザヤも洗礼者ヨハネも、自らの存在を消して誰かの「声」になりきろうとしたのです。

第二イザヤが生きた時代は紀元前六世紀半ば、バビロン捕囚時代です。紀元前五八七年にユダ王国が滅亡し、多くの人々がバビロニアに強制連行されました。その捕囚の地バビロンで生まれ育った捕囚の第二世代の一人が第二イザヤです。

捕囚民の多くはかつてユダ王国の上層階級に属した人々でした。様々な技能を身につけた彼らはバビロニア帝国下で再教育され、国の文化や経済の担い手として活用されます。ある程度の自由は保障されたようですが、ユダヤ人としてのアイデンティティを堅持する彼らにとって、この先どうなるかの見通しはまるで立たず、生きることに充足感を持つこともありませんでした。エゼキエル書にも書かれているように、生ける屍のごとき有様だったでしょう。

第二イザヤの時代の特徴は、生き甲斐喪失の恒常化でした。捕囚の第一世代には異国で生き抜かねばならない覚悟がありましたが、第二世代となるとそれは失われ、故郷に帰ることに期待も現実感もありません。それはユダヤ民族としての宗教的アイデンティティの喪失をもたらします。捕囚の民は神に見捨てられたと感じていました。第二イザヤの預言の中にそのような民の嘆きが読み取れます。

ヤコブよ、なぜ言うのか。イスラエルよ、なぜ語るのか。「私の道は主から隠されており、私の訴えは私の神に見過ごされている」と。（イザヤ書40章27節）

イスラエル宗教崩壊の危機が感じられる表現です。この背景には、圧倒的な力を誇示するバビロニアの宗教に対する敗北感があります。第二イザヤの預言の中に偶像を揶揄する痛烈な表現が多い理由がそこにあります。今日の聖書学ではいわゆるイスラエル一神教の起源をこの第二イザヤに見るのが一般的ですが、それはこの時代に初めて神の排他的唯一性ということが根源的に問われたからです。

†報われる日が必ず来る

第二イザヤは捕囚民に対して慰めを語り、希望を告げる預言者として神から召命《しょうめい》を受けました。その預言は聴く者の魂を奮い立たせます。

若者も疲れ、弱り、若い男もつまずき倒れる。しかし、主を待ち望む者は新たな力を得、鷲のように翼を広げて舞い上がる。走っても弱ることがなく、歩いても疲れることはない。（同40章30～31節）

これを預言する第二イザヤ自身も、捕囚民として空しさを抱いていたに違いありません。第二イザヤが語りかける若者たちと彼は同じ世代だからです。けれども、彼は自らを鼓舞するように希望を語り、「神を待ち望め」と人々に呼びかけます。自由に大空を飛ぶ鷲のように大きな翼を広げ舞い上がるのだという言葉には、第二イザヤ流のイマジネーションがあります。

第二イザヤは幻想を語った預言者ではありません。その代わり、彼は歴史を見つめていました。ユダ王国を滅ぼしたバビロニア帝国は急速に衰退し、代わってペルシア帝国がオリエント世界の覇者になりつつありました。紀元前五三九年にペルシア王キュロス二世が都バビロンを無血開城させ、バビロニアの時代は終わります。第二イザヤは捕囚の地バビロンでこの世界の動向を見ていたのです。

捕囚の時代が終わり、人々が解放されることを彼は予測していました。それは45章にははっきりと記されます。

主は油を注がれた人キュロスについてこう言われる。私は彼の右手を取り、彼の前に諸国民を従わせ、王たちを丸腰にする。彼の前に扉は開かれ、どの門も閉ざされることはない。（同45章1節）

他国の支配者であるキュロス王のことを「油注がれた人」すなわちイスラエルのメシア（救い主）と称えるこの預言には驚かされます。第二イザヤは、このようなありえない破格の表現で歴史の転換を予測し、捕囚からの解放が胎動していることを捕囚民に伝えたのです。

第二イザヤの預言の言葉はイマジネーション豊かで、聴く者を奮い立たせたに違いありません。

先にあったことを思い起こすな。昔のことを考えるな。見よ、私は新しいことを行う。今や、それは起ころうとしている。あなたがたはそれを知らないのか。（同43章18～19節）

このような預言が現実のものとなり、紀元前五三九年にキュロスは捕囚解放の勅令を出し、五九八年の第一回バビロン捕囚から始まる捕囚時代は終わります。キュロス王はエルサレムに帰還する捕囚民に神殿再建をも確約したと聖書には書かれています。これもまた驚くべきことです。

ただし、キュロスの目論見《もくろみ》は、エルサレムを復興させて帝国経済に恩恵をもたらすことであって、捕囚民の解放は、そのための政策に過ぎなかったことは間違いありません。しかし、それでもエルサレムに帰還する捕囚民はまるで凱旋兵士のようだったでしょう。捕囚の経験はついに報われました。

第二イザヤの預言は、先が見えない激動の時代を生きる者を前向きにさせます。報われる日が必ず来る。今は暗闇の中を手探りで歩んでいるようだけれども、闇の向こうに光があることを第二イザヤの預言は指し示しているのです。

5　使徒パウロの黙示思想——目に見えないものこそが希望である

思うに、今この時の苦しみは、将来私たちに現されるはずの栄光と比べれば、取るに足りません。（…）現に見ている希望は希望ではありません。現に見ているものを、誰がなお望むでしょうか。まだ見ていないものを望んでいるのなら、私たちは忍耐して待ち望むのです。（ローマの信徒への手紙8章18～25節）

✝今の苦しみは未来の前兆

仕事に行き詰まり、将来に何の望みも持てなくなったとき、人はどうするでしょうか。朝、目が覚めても起き上がることもできない、深刻な鬱状態に陥ってしまう人もいます。程度はどうあれ、誰にでもそういう経験があるでしょう。

有効な処方箋も、万能の解決策もありませんが、聖書にも、まるで鬱状態の中で呻きながら言葉を発しているような場面が見つかります。それは新約聖書に多くの書簡が収められている使徒パウロの言葉です。

パウロ書簡の中に「ローマの信徒への手紙」という書があります。これはパウロ書簡の中で最もよく知られる、神学論文のような手紙です。この中に、極めて難解な部分があります。少々長いのですが、まずはそれを紹介してみましょう。

> 思うに、今この時の苦しみは、将来私たちに現されるはずの栄光と比べれば、取るに足りません。被造物は、神の子たちが現れるのを切に待ち望んでいます。被造物が虚無に服したのは、自分の意志によるのではなく、服従させた方によるのであり、そこには希望があります。それは、被造物自身も滅びへの隷属から解放されて、神の子どもたちの栄光の自由に入るという希望です。実に、被造物全体が今に至るまで、共に呻き、共に産みの苦しみを味わっていることを、私たちは知っています。被造物だけでなく、霊の初穂を持っている私たちも、子にしていただくこと、つまり、体の贖《あがな》われることを、心の中で呻きながら待ち望んでいます。私たちは、この希望のうちに救われているのです。現に見ている希望は希望ではありません。現に見ているものを、誰がなお望むでしょうか。まだ見ていないものを望んでいるのなら、私たちは忍耐して待ち望むのです。（ローマの信徒への手紙8章18～25節）

この箇所でパウロは何を言おうとしているのでしょうか。結論は、最後の「忍耐して待ち望む」です。これを書き記すパウロには深刻な問いがあります。

福音を伝え教会を設立する使命を与えられたパウロですが、その宣教活動は苦難の連続でした。ユダヤ人から迫害を受け、また教会内でも使徒職の正当性をめぐって誹謗《ひぼう》や中傷を浴びます。

パウロは若い頃は有能なユダヤ教の律法学者でした。キリスト教徒を弾圧し、その撲滅《ぼくめつ》に熱心であった彼が突然キリストに出会って以来、大転換して教会の伝道者になったのは有名な話です。

パウロには自分がキリストの救済を完成させるため神に召し出されたのだという確信がありました。にもかかわらず、現実は何も変わらず、むしろ彼の苦難は深まるばかりです。どこを見ても希望がないと、パウロは呻きます。

パウロの難解な文章を読み解くために重要な手掛かりがあります。それは「黙示思想」と呼ばれるもので、旧約聖書の最終段階に現れた強烈な終末思想のことです。パウロはこれを用いて弁述しています。

「黙示」とはギリシア語で「アポカリュプシス」と言い、英語では revelation です。「隠されたものを顕《あら》わにする」という意味があります。つまり、神の隠された計画が啓示されるということです。

これは、具体的には歴史の終末に神の国が到来し、天地万物が更新されることを指しています。神が創造したすべての被造物は破局と滅亡に向かって突き進んでいるけれども、終末のときには贖《あがな》われる。言い換えると、イエス・キリストが間もなく地上に再臨し、神の子らはその御前に招かれて、すべての労苦が報われるという思想です。

パウロが用いる黙示思想の重要なポイントは、「産みの苦しみ」です。旧約聖書の黙示思想には、妊婦が苦しむイメージが繰り返し出てきます（イザヤ書66章）。終末のとき、万物が更新され新しい天と地が到来する直前には、最大の苦難が生じるということです。

黙示文書であるダニエル書では、「国が始まって以来、その時までなかった、苦難の時が来る」と書かれています（ダニエル書12章1節）。それがまさしく「産みの苦しみ」と呼ばれるものです。妊婦は苦しみ呻き、その苦しみの極みにおいて新しい命が誕生する。つまり、妊婦の苦しみとは新しい命の前兆であって、苦しみが大きければ大きいほど、新しい命の誕生が確かになるのです。

これが黙示思想に特徴的なイメージです。パウロは、この黙示思想によって現在の苦しみの意味を説明しようとしています。つまり、今人々が抱いている苦しみは、これからの希望の前触れであるということです。

†まだ見ぬ希望に向かって生きる

しかし、同時にここで重要なのは、「希望」とは目に見えないものだということです。つまり、今はどこにも希望はなく、絶望的な状況だということになります。これは極めて悲観的な現実認識です。けれども、いや、だからこそ、今は見えないけれども希望は「ある」のだと逆説的に思考するのです。

苦しみはなくならず、むしろ増していくばかり。しかし、それは妊婦の苦しみなのです。苦しみが大きくなればなるほど、その向こうにある救済が近づいてきます。現在は、それに至る産みの苦しみ、つまり希望に向かう苦しみのときだと考えるのです。

それゆえに、彼は「忍耐して待ち望む」という結論に至るのです。希望を、今はまだ見えていない将来に投影して、現在の状況に耐える。そういう意味で、現実に行き詰まったパウロは、希望に生きるのだと教えているのです。

希望とはまだ見ていないもの。今目に見えるものは希望ではないと言い切るところに、パウロの終末論の特徴があります。これについて、前にも紹介したオーストリアの心理学者ヴィクトール・フランクルの言葉が示唆を与えてくれます。フランクルはある心を病んだ母親について書いています。

二人の息子のうち、優秀な息子を事故で失い、残った息子は母親の介護を必要とする障碍者でした。こうした人生の不条理を経験し、母親は希望を失い、生きる力をなくしてしまいました。フランクルはその母親にこう問います。「あなたは八〇歳を超えて人生の最後を迎えるとき、人生を振り返って、自分自身に何と言うか」と。

母親は考えあぐねた末に、「私はこの子が障碍者として人生を全うするために全力を尽くしました。私の人生は無駄ではありませんでした。」と語ったそうです。これがきっかけになって、母親は立ち直ることができました。

フランクルはこの母親に「あなたはその日のために今を生きているのだ」と告げました。このとき、母親は自分が何のために生きているのかを理解するのです。

「終わりの時」に向けて目に見えない希望を抱くことで、人は現在の苦しみを引き受けて前に進むことができる。まさにパウロが語るように、目に見えているものは希望ではなく、まだ見ていないからこそ希望なのです。その希望を持つからこそ、パウロは「忍耐して待ち望む」という結論に至るのです。

目を開かれるような気がします。行き詰まっても、希望を捨てない。まだ見ていない希望を抱くことによって人は前に進めるのだと思います。

6　天の国の喩え――敗者に寄りそう眼差し

自分の分を受け取って帰りなさい。私はこの最後の者にも、あなたと同じように支払ってやりたいのだ。（マタイ福音書20章14節）

†働く上での不公平

就職活動で苦労する人たちがいます。採用されれば誰より一生懸命働く覚悟があるのに、採用されない悔しさを経験します。苦しむのは学校卒業前の若者だけではありません。とつぜん解雇され、再就職のため必死になって奔走する熟年の非正規雇用者も同じです。年齢が壁となり、面接さえ受けられない人もいます。途方に暮れる経験をした人は少なくないはずです。

聖書の中にも、労働者の雇用について書かれている箇所があります。新約聖書のマタイによる福音書にある一つの「喩《たと》え話」です。少し長いのですが、内容としてはとても意味が深いので紹介します。

「天の国は、ある家の主人に似ている。主人は、ぶどう園で働く労働者を雇うために、夜明けとともに出かけて行った。彼は、一日につき一デナリオンの約束で、労働者をぶどう園に送った。また、九時ごろ行ってみると、何もしないで広場で立っている人々がいたので、『あなたがたもぶどう園に行きなさい。それなりの賃金を払うから』と言った。それで、彼らは出かけて行った。主人はまた、十二時ごろと三時ごろに出て行って、同じようにした。五時ごろにも行ってみると、ほかの人々が立っていたので、『なぜ、何もしないで一日中ここに立っているのか』と言った。彼らが、『誰も雇ってくれないのです』と答えたので、主人は、『あなたがたもぶどう園に行きなさい』と言った。夕方になって、ぶどう園の主人は管理人に言った。『労働者たちを呼んで、最後に来た者から始めて、最初に来た者まで順に賃金を払ってやりなさい。』そこで、五時ごろに雇われた人たちが来て、一デナリオンずつ受け取った。最初に雇われた人たちが来て、もっと多くもらえるだろうと思っていたが、やはり一デナリオンずつであった。それで、受け取ると、主人に不平を言った。『最後に来たこの連中は、一時間しか働かなかったのに、丸一日、暑い中を辛抱して働いた私たちと同じ扱いをなさるとは。』主人はその一人に答えた。『友よ、あなたに不当なことはしていない。あなたは私と一デナリオンの約束をしたではないか。自分の分を受け取って帰りなさい。私はこの最後の者にも、あなたと同じように支払ってやりたいのだ。自分の物を自分のしたいようにしては、いけないのか。それとも、私の気前のよさを妬むのか。』このように、後にいる者が先になり、先にいる者が後になる。」（マタイ福音書20章1〜16節）

ストーリーは明瞭です。あるぶどう園の主人が、労働者を雇うために広場に出て行きます。賃金は一日一デナリオン。これが労働者の一日の賃金ですから、現在の水準では七〇〇〇円程度でしょうか。

主人は早朝、朝九時、正午、午後三時、そして午後五時にも労働者を雇いに出かけます。五時というと、もう日没直前です。その時間にも広場で雇用を求める者たちがいたので、「私のぶどう園で働きなさい」と連れ出します。

日没になると、主人は労働者を集めて賃金を支払います。まず、最後に雇われた労働者に一デナリオンを渡します。最後に支払いを受けたのは、早朝から丸一日働いた労働者です。それでも賃金は同じ一デナリオンです。

それを知って、彼らは不満を爆発させます。自分たちはまる一日へとへとになるまで働いたのに、最後に雇われた連中はわずかしか働いていない。それなのに、自分たちも彼らと同じなんて納得できない、と。労働者としては当然の発言でしょう。

しかし、主人はそれに対してこう語ります。「友よ、あなたに不当なことはしていない。(…)私はこの最後の者にも、あなたと同じように支払ってやりたいのだ」

†置いてきぼりにされた人に寄りそう

これは、キリストが語った有名な「天の国の喩え話」と呼ばれる喩え話です。喩え話なので、解き明かしが必要ですね。「主人」とは「神」のことを指しています。神が支配者として人間を雇おうとするのです。人間はそれぞれ性質も力量も様々。朝一番に採用される者もいれば、夕方に採用される者もいます。にもかかわらず、わずかな時間でも最後まで働いた労働者には、神は約束の一デナリオンを支払うのです。

確かに、現実の世界においてこのようなことは不公平だと言わなければなりません。市場経済は、競争によってより能力のある者が勝者となり富を手に入れるシステムだからです。競争に敗れた者が勝者と同じ利益を得られるなどありえません。早朝に雇われた労働者の不満は現在の私たち一般の声を代表しています。

けれども、ここで興味深いのは主人の態度です。「私はこの最後の者にも、あなたと同じように支払ってやりたいのだ」という発言は明らかに依怙贔屓で、普通の感覚からすればおかしい。しかし同時に、私たちはこの主人の言葉に不思議な慰めを覚えます。それは主人は競争に負けた者に寄りそい、彼らを庇《かば》おうとしているように感じられるからです。しかも、彼は事前に決めた約束を守ることで、その場の秩序を貫徹します。

この主人の行為に姿を現す神は、社会の理不尽を放っておく無慈悲な神ではなく、弱者の側に身を置く神です。それによって、この喩え話が「天の国の喩え話」であるという意味がわかってきます。

最後に雇われた労働者の姿は、新約聖書の時代における社会的疎外者です。ユダヤ世界では異邦人、障碍者、汚れた病人、罪人は神の祝福を得られず共同体から排除されていました。しかし、イエス・キリストはそのような者たちを招くという仕方で、神の国の福音を宣べ伝えました。そのキリストの眼差しがこのぶどう園の主人の態度に滲み出ているのは確かです。

労働者が雇用される時間にも意味があります。若きエリートとして雇用され、順風満帆の人生を歩む者もいれば、結果を残せずに人生を終える人もいます。最後まで働く機会すら与えられずに終わる人もいるかもしれません。この喩え話には、そういう置いてきぼりにされた人たちへの慈《いつく》しみの眼差しがあります。

ユダヤ世界では、一日の始まりが日の出からではなく、日没からであるとされていることも象徴的です。彼らは夕暮れを見て人生の終わりを思うのではありません。むしろ、夕暮れを見て「さあ、一日が始まるぞ」と思っていたのです。人生は夕暮れから始まり、夕暮れに光があると考えるのが聖書の時間認識なのです（ゼカリヤ書14章7節）。

これは聖書では「天の国の喩え」として書かれていますが、現代の競争社会に生きる私たちにとっては慰めとなるエピソードかもしれません。ぶどう園の主人は労働者を求めて、日没前にも広場に出かけて行くからです。現実の社会ではあり得ない「喩え話」ですが、現在、就活で自信を失っている人たちに、「諦めるな」と励ましのエールを伝えているように思えます。

Ⅲ 妬みの気持ちに向き合うために

魅力的なダビデに嫉妬したサウルは、次第に精神のバランスを失っていく。
(グエルチーノ「ダビデに槍を振り上げるサウル」)

1　カインとアベル――嫉妬の気持ちから目を背けない

カインとその供え物には目を留められなかった。カインは激しく怒って顔を伏せた。（創世記4章5節）

†カインとアベルの物語

沸き上がってくる妬みの気持ちと、人はどう向き合ったらよいでしょうか。旧約聖書に、有名な「カインとアベル」の物語があります。

この物語は、優秀な弟アベルに嫉妬した兄カインが弟を殺してしまう悲劇として一般には知られています。最近でも、テレビドラマのタイトルになるくらいですから、その名前を知らない人はいないでしょう。人間の罪の宿命を背負うカインは、有島武郎《ありしまたけお》の小説『カインの末裔』の影響もあるからでしょうか、生きづらさを抱える現代人の典型的イメージにもなっているようです。

「カインの末裔」という言葉も聖書由来の用語です。けれども厳密にいえば、これはまったくの誤解なのです。最初の人間アダムとエバの息子は確かにカインとアベルなのですが、アダムの後継者となるのは生き残ったカインではなく、三番目の息子セトだからです。カインは民族的にはケニ人の始祖となります。つまり、カインの末裔はむしろ旧約聖書ではほとんど存在感がないのです。

カインとアベルの物語は創世記4章に次のように記されています。アダムとエバの間に生まれた息子たちのうち、カインは農耕者となり、アベルは家畜飼育者となります。事の発端は神への供え物でした。カインは収穫の初穂《はつほ》を捧げ、アベルは肥えた羊の初子《ういご》を捧げました。ところが、神は兄カインの供え物ではなく、弟アベルの供え物に心を留めたのです。

これについて聖書には理由が書かれていません。神は農作物より家畜を好むとか、カインの供え物には心がこもっていなかったのではないかと想像を巡らして説明されますが、本当の理由はわからないということが重要なポイントです。理由はわからないけれど、神はそのようになさった。それをどう受け止め、応答するかが人間の側の課題になります。

これを知って、カインは激しく怒り顔を伏せました。神は「どうして顔を伏せるのか」と問い、「罪が戸口で待ち伏せている。罪はあなたを求めるが、あなたはそれを治めなければならない」と諫めますが、カインはアベルを野原に誘い出し、密かに殺害してしまうのです。

神はさらに「あなたの弟アベルは、どこにいるのか」と問いかけます。カインは取り繕い、「知りません。私は弟の番人でしょうか」と応答しました。しかし、神はすべてを知っており、カインの罪が暴かれます。

こうして、神に追放されたカインは、人類初の殺人者として刑罰を受けることになります。「あなたが土を耕しても、その土地にはもはや実を結ぶ力がない。あなたは地上をさまよい、さすらう者となる」。カインは地上の放浪者となり、生涯この刑罰を引き受け、復讐に怯える身となりました。

この物語について、聖書では辻褄の合わないことがあります。この頃の世界には、まだ最初の人間アダムとエバしかいないはずなのに、カインが、まるで秩序ある社会を放浪しているように描かれているからです。

そこには聖書の文献的性質があります。この物語は文献学的にはヤハウィスト（神の名をヤハウェと表記する資料）に属する記述で、イスラエルの王国時代、あるいはずっと後の捕囚期以降に書かれたものです。そのため、カインとアベルの物語も秩序ある社会の中で起こった出来事として理解されています。

†責めながらも寄りそう神

この物語で最も注目したいのは、神がカインをどう導いたかということです。人間には自由が与えられ、神はその自由に寄りそい、その都度、手を差し伸べます。

「主は、カインを見つける者が誰であれ、彼を打ち殺すことのないように、カインにしるしを付けられた」と書かれているように、カインへの最終宣告の際も、神がカインに寄りそっていることがわかります。

神がカインにつけた「しるし」とは、ひょっとして刺青《いれずみ》のようなものだったのでしょうか。この「カインのしるし」こそが重要です。

この「しるし」はカインが殺人者であるということを示す烙印《らくいん》ですが、同時に、カインを保護する「しるし」にもなっています。神はカインに殺人の責任を負わせ、同時にカインの命を守ってもいるのです。つまり、神はカインの更生を見守る保護者のような存在として、彼を罰しながらもカインに寄りそっています。

この物語には続きがあります。カインは結婚して息子をもうけました。そして町を築き、息子の名にちなんでそれをエノクと名付けたと書かれています。カインの系図についても子孫のレメクに関しては、「カインのための復讐が七倍なら、レメクのためには七十七倍」とあるように、まるで復讐の連鎖が子々孫々続くように書かれています。つまり、殺人という罪が現在のみならず、彼の将来をも破壊するという警告です。

†じっと現実と向き合う

さて、妬みの感情とどう向き合うかが本節のテーマです。そこに再び戻らねばなりません。

神はカインに「罪が戸口で待ち伏せている」と警告します。罪がまるで獲物を狙う野獣のように待ち伏せているイメージです。妬みという感情が、自分ではとても制御しようのない「自己外存在」として、象徴的に表現されています。

カインはアベルを妬み、アベルが持っているものすべてを奪い取りたいというすさまじい欲求を持ちます。けれども、問題はその激しい感情とどう向き合うかということです。神はカインに「あなたはそれを治めなければならない」と命じました。制御できないものをどう制御するかが重要になるのです。

抗いがたい野獣である妬みを治めよという、いわば実現不可能なことを、神はカインに要求します。神がカインに、このようなリアルな喩えを用いて語りかけているということは印象的です。

神に背いて禁断の果実を食べてしまったアダムとエバのように、人間は本質的に罪を犯す存在だという悲観主義が聖書にはあります。にもかかわらず、それを治めることが人間には求められます。

そうした悲観的な現実から決して目を逸らさず、また過ちを犯しても、「私は弟の番人でしょうか」と取り繕うような責任回避をしてはいけない。ここでは犯した過ちに対して徹底的な責任が要求されるのです。この物語には非常に倫理的なリアリズムがあります。

現実から逃げ出さない。これは建設的悲観主義と言えるかもしれません。果たして、人間にこのようなことが可能でしょうか？　けれども、神は決してカインを見捨てないのです。カインを罰する神は、とことんまでカインに寄りそう神でもあることは疑いないことです。

2　嫉妬に狂ったサウル王――プライドをかなぐり捨てて生きよ

女たちは楽を奏で、歌い交わした。「サウルは千を討ち、ダビデは万を討った。」これを聞いてサウルは激怒し、不快の念に駆られて言った。「ダビデには万と言い、私には千と言う。あとは王位を与えるだけか。」この日以来、サウルはダビデに猜疑心《さいぎしん》を募らせた。（サムエル記上18章7〜9節）

†王になりきれなかったサウル

旧約聖書には嫉妬のために悲劇的な末路を辿った王がいます。サムエル記に登場するサウル王です。この物語はドラマチックに記され、心理描写も巧みです。本節ではこれを取り上げ、妬みについてもう少し考えを深めてみましょう。

サウルはイスラエルの最初の王となった人物です。彼はサムエルという指導者によって選び出されました。ところが、サウルはサムエルの期待に反し、王としての危うさを露呈します。そこで、サムエルはサウルを王に選んだことを後悔し、密かに別の王を立てようと企て、新たにダビデを選びます。

　ダビデは年端も行かぬ若者でしたが、サムエルによって油を注がれます。「油注がれた者」をヘブライ語では「マシアハ」、すなわち「メシア」と言うことから、油を注がれることは、聖書では王に任職されることを意味します。

　こうしてダビデは油を注がれましたが、まだイスラエルの王はあくまでサウルです。ダビデは宮廷でサウルに仕えますが、サウルはダビデにひどく嫉妬し、次第に精神のバランスを崩し、ダビデの命を狙う狂気的な蛮行を重ねるようになります。

　そして、サウルは息子ヨナタンと共に討ち死にするという末路を辿るのです。サウルに妬まれたダビデは、やがてイスラエルを治め、統一王国を成立させました。サウルという名前はヘブライ語では「シャウール」、つまり死の世界である「陰府《よみ》」を意味する語と表記が同じなのです。偶然かもしれませんが、サウルの嫉妬と、彼の辿る運命の悲惨さが表現されているようです。

　時代は紀元前一一世紀、まさに歴史の転換期です。聖書によれば、イスラエルの指導者ヨシュアがカナンの地を制圧し、土地を分配した後、士師《しし》の時代になります。士師時代とは混沌とした時期であり、イスラエルは雑然とした部族連合体としてしか機能せず、国家として統率が取れていませんでした。したがって、カナンを征服したと聖書には書かれていますが、実際には事実ではなかったでしょう。

この混沌とした時代に活躍したのが、士師と呼ばれる英雄たちでした。その中でもデボラ、ギデオン、エフタ、サムソンが有名です。特にサムソンの物語は音楽や映画などの芸術の主題にもなり、よく知られています。けれども、士師は王ではなく、それぞれの出身部族や限られた地域で外敵の侵入を阻んだ英雄に過ぎませんでした。

士師記の記述によれば、イスラエルの民が神に背を向けて偶像の神々を拝んだために、神は民を敵の手にわたし、その苦境のたびに神が士師を派遣してイスラエルを憐れんだのです。こうした記述からも、負の連鎖が続いた時代であったことがわかります。

イスラエルには王がいないために悲惨な出来事が続きました。この士師時代から王国時代への過渡期に登場したのがサウルです。民は指導者サムエルに自分たちに王を立ててほしいと頼みます。民を治めるのは主なる神であるという伝統的な思想がイスラエルにはありましたが、サムエルは民の声に従うほかありませんでした。

こうしてサウルが最初の王として民の中から選ばれたのです。彼はベニヤミン族出身で非常に背が高く、預言者的能力もあったことから、王として非常に期待されました。ただ聖書によれば、控えめな性格であったようです。

サウルの不運は、この時代が転換期であったことです。彼は王となることを期待されながら、実際には王になりきれず、いまだ士師の職務の延長線上にいました。つまり、王として組織的に国家建設を進めるのではなく、自らの預言者的カリスマによってその都度国難に対応する場当たり的な支配者であったと説明できます。

実際、ヘブライ語でもサウルは「メレク＝王」ではなく、「ナーギード＝指導者」という名で呼ばれ、王として正式には記述されていません。サウルは不幸にも、時代に乗り遅れ、王になりきれなかったのです。

†嫉妬に狂った最期

サウルとは対照的に、ダビデは魅力に満ちた存在です。失敗を繰り返し自信を喪失しているサウルの前にさっそうと登場した若きダビデの存在は、サウルにとって衝撃的でした。ダビデがやることなすことすべてが輝いて見えるのです。聖書には以下のように記されています。

女たちは楽を奏で、歌い交わした。「サウルは千を討ち、ダビデは万を討った。」これを聞いてサウルは激怒し、不快の念に駆られて言った。「ダビデには万と言い、私には千

と言う。あとは王位を与えるだけか。」この日以来、サウルはダビデに猜疑心を募らせた。(サムエル記上18章7〜9節)

ペリシテとの戦いにいったんは勝利し、凱旋したサウル王ですが、それを迎えた民の声はサウルではなくダビデを熱狂的に讃えました。これをきっかけに、サウルはダビデに嫉妬するようになります。自分よりはるかに優れた力量を持ち、英雄として慕われるダビデの存在に安穏としていられなかったのです。

サウルは眠れなくなり、ダビデが自分の存在を否定する恐怖に苛《さいな》まれます。こうしてサウルの妬みは狂気に変わっていきます。

「神からの悪い霊がサウルに激しく降り、彼は家の中でわめき叫んだ」(同18章10節)と書かれているように狂気に駆られ、サウルはダビデを殺すためにあらゆる手立てを講じたため、ダビデは逃亡を余儀なくされます。しかし、結末としてはサウル自身が悲劇的な最期を遂げてしまいます。

サウルとダビデの確執の間には、サウルの息子ヨナタンの存在があります。ヨナタンはサウルの後継者であったにもかかわらず、ダビデと熱い友情で結ばれていました。ダビデがサウルの前から逃亡する際にも、ヨナタンはダビデを支援し、そのお陰でダビデは死を免れたのです。ヨナタンは父サウルよりもダビデの方が、王位に即《つ》くにふさわしいと思っていたのかもしれません。

このように、妬みより友情が価値あるものだということを聖書は教えてくれます。しかし、結果的にヨナタンは父サウルと共に剣に倒れてしまいます。

†妬みも優越感もプライドも捨て去ったパウロ

サウルの妬みは現代の私たちとも無関係ではありません。上司である自分の前に、自分よりはるかに優れた若い部下が着任する。やることなすこと自分より上手。そのような職場で、上司はどう生きたらいいのか。それが上司ではなく同僚であったとしても同じことです。

自信を喪失し、サウルのように精神的に参ってしまう人もいるでしょう。ここでは自らの嫉妬心とどう向き合うかが問われます。自分の地位をわたすまいという支配欲もあるでしょう。サウルのエピソードは、その悲惨を物語っています。

サウルという名前を持つ人物は、実は新約聖書にも登場します。先述したパウロです。パウロはかつてユダヤ教の律法学者で、「サウロ」と呼ばれていました。その名前はヘブライ語に置き換えれば「サウル」となります。パウロはサウルと同じベニヤミン族出身で、もともとは「サウル」が本名であったのです。この名前には王としての誇りが表現されています。

けれども、パウロはキリストに出会って回心し、初代教会の宣教者になります。自らの誇りもプライドも優越感もかなぐり捨ててパウロと名乗ることで、彼は自らが背負ってきた「サウル」を克服したのです。こうして、パウロは陰府の滅びを暗示するサウルという名を捨て去ったのです。

3 人生の短さを見つめたコヘレト——束の間だからこそ全力で生きる

私はあらゆる労苦とあらゆる秀でた業《わざ》を見た。それは仲間に対する妬みによるものである。これもまた空《くう》であり、風を追うようなことである。(コヘレトの言葉4章4節)

†「空」すなわち「束の間の人生」

「労働」の章で一度紹介したコヘレトの言葉を、ここで再び紹介しましょう。

私はあらゆる労苦とあらゆる秀でた業を見た。それは仲間に対する妬みによるものである。これもまた空であり、風を追うようなことである。(コヘレトの言葉4章4節)

コヘレトによれば、働くことの動機となるのは、仲間への嫉妬心です。つまり、人は仲間を蹴落としたい、仲間より上に立ちたいという競争心と、その達成感のために働いているのです。懸命に働いているように見えても、それは結局誰かを妬んでいるだけだというコヘレトの指摘に、私は衝撃を受けました。では、この状況をコヘレトはどう克服したのでしょうか。

コヘレトについてはすでにある程度解説しましたので、ここでは繰り返しませんが、重要なことは、コヘレトが「空《くう》」という言葉を連発することです。「空」はヘブライ語で「ヘベル」と言い、「コヘレトの言葉」で三八回も繰り返されるキーワードです。

この書の冒頭は「空の空、空の空、一切は空である」という表現で始まります。ヘベルは「空《むな》しい」とも訳せますが、意味はそれだけにとどまりません。無、不合理、不条理、無意味、矛盾、虚無、虚栄、不可能、謎、儚《はかな》さ、気泡、水蒸気、狂気など……。様々な語に翻訳可能です。

しかし、私はこの「ヘベル」という言葉を「束の間」と訳すのが最もふさわしいと考えています。つまり、コヘレトは人生を「ヘベル」と呼んで、その人生が「束の間」の、つまり短い時間であることを表現しているのです。

先にカインの弟アベルについて触れましたが、「アベル」とは「ヘベル」と同じヘブライ語です。「束の間の人生」であったアベルを見て、コヘレトは人生の「ヘベル」（束の間）を連想したのではないでしょうか。つまり、コヘレトは仲間への嫉妬が「空である」と言うとき、人生が「束の間」だという現実を直視しているようです。

コヘレトの言葉は決してわかりやすくはありません。それは、コヘレトがソロモンのふりをして書いているという設定から来るわかりづらさではないでしょうか。「ダビデの子、エルサレムの王、コヘレトの言葉」という表題ゆえに、コヘレトとはソロモン王のことだとわかります。

旧約聖書でソロモンとは知恵の象徴であり、あらゆるものを所有し支配した王として知られています。そのソロモンという虚構を利用して、コヘレトは自らの思想を展開するのです。

欲しいものをすべて手に入れたソロモンですら、「すべては空であった」という結論に至るとき、人生は「ヘベル」すなわち「束の間のもの」だという現実が際立ちます。ここに、妬みという課題にコヘレトが提示したヒントが見えてきます。

†本当に短かった古代の一生

コヘレトの思想は独特なものですが、新約聖書にもそれと関係するものを見つけることができます。以下の表現ではイエス・キリストがソロモンの喩えを語っています。

空の鳥を見なさい。種も蒔かず、刈り入れもせず、倉に納めもしない。だが、あなたがたの天の父は鳥を養ってくださる。あなたがたは、鳥よりも優れた者ではないか。あなたがたのうちの誰が、思い煩《わずら》ったからといって、寿命を僅かでも延ばすことができようか。なぜ、衣服のことで思い煩うのか。野の花がどのように育つのか、よく学びなさい。働きもせず、紡ぎもしない。しかし、言っておく。栄華を極めたソロモンでさえ、この花の一つほどにも着飾ってはいなかった。今日は生えていて、明日は炉に投げ込まれる野の草でさえ、神はこのように装ってくださる。まして、あなたがたにはなおさらのことではないか。（マタイ福音書6章26〜30節）

「山上《さんじょう》の説教」と呼ばれるイエスの有名な一節です。「空の鳥、野の花を見よ」という警句が特によく知られています。この中に、「ソロモンの栄華」という表現が見られます。興味深いのはその直前に、「人間の寿命の短さ」が語られていることです。この寿命の短さはまさしく「ヘベル＝束の間の人生」です。この箇所はコヘレトの言葉が念頭に置かれていると言えます。人生が束の間であることをイエスもまた教えているのです。

旧約聖書の時代から新約聖書の時代にかけて、人間の平均寿命は四〇歳に満たなかったことがわかっています。今から二〇〇〇年前の古代社会では、人生はだいたい三〇代半ばで終わっていました。二〇歳になった若者が生きられるのはあと十数年。コヘレトは「若さも青春も空《くう》だからである」（コヘレトの言葉11章10節）と書いていますが、「青春が束の間」ということは単なる言葉でなく現実でした。

また、「愛する妻と共に人生を見つめよ、空《くう》である人生のすべての日々を」（同9章9節）という言葉は、結婚生活もまた束の間であるということを意味しています。七〇歳、八〇歳まで普通に生きられる、今日のような時代ではなかったのです。

イエスもまたコヘレトと同じ目線で、「野の花を見よ」と教えています。明日は炉の中に投げ込まれる野の草でさえ神によって命を守られている。これは、コヘレトの言葉で言い換えると、命は「神の賜物」（神から与えられたもの）ということになります。コヘレトは束の間である人生の時間を「神の賜物」と表現しています。

✝死があるからこその人生

人生は限られています。終わりへと向かう今の時間は「神からの賜物」です。コヘレトはこうして、終わりから逆算した束の間の人生を肯定します。逆説的ですが、人生とは、死があるからこそ人生なのであって、永遠に続く人生があったとしても無意味なのです。

人生は死から意味を与えられます。人はその与えられた生をかけがえのない賜物として喜び楽しむ。今、生きているこの時は神から与えられた恵みです。このコヘレトの思想をイエスもまたソロモンの喩えで教えているのです。

イエスが語る喩えの結末はこうです。

だから、明日のことを思い煩ってはならない。明日のことは明日自らが思い煩う。その日の苦労は、その日だけで十分である。（マタイ福音書6章34節）

これも人口に膾炙《かいしゃ》した有名な一節です。

これは、「明日のことを思い煩っても仕方がない。今日のことだけを考えよ」という警句として理解されます。そうだとすれば、今、私たちは仲間への妬みの気持ちにどう向き合ったらよいでしょうか。この課題について、コヘレトの言葉を参考にすれば、「明日ではなく今日を全力で生きよ」という答えになります。

今日が人生最後の日であるならば、この日は自分にとって神から与えられた賜物です。この一日をどう生きるかが大事なのです。他人と自分を比べても何の意味もありません。だから、自分に与えられたこの日を全力で生きよ。これが、妬みという負の連鎖から逃れる一つのヒントになるでしょう。

4　生きるよすがとなる箴言——今あるもので満足する生き方

私は二つのことをあなたに願います。私が死ぬまで、それらを拒まないでください。空しいものや偽りの言葉を私から遠ざけ、貧しくもせず、富ませもせず、私にふさわしい食物で私を養ってください。私が満ち足り、あなたを否《いな》んで、「主とは何者か」と言わないために。貧しさのゆえに盗み、神の名を汚さないために。（箴言30章7〜9節）

†因果律の王国時代と偶然が支配する捕囚後時代

旧約聖書には「箴言《しんげん》」という書があります。イスラエルで伝承されてきた格言を集めた知恵文学と呼ばれる書です。31章で構成されており、社会で生き抜くヒントになる格言がたくさんあります。いわゆる処世術です。例えば、以下のような格言があります。いくつか引用してみましょう。

怠け者よ、蟻《あり》のところに行け。その道を見て、知恵を得よ。蟻には指揮官もなく、役人も支配者もいない。夏の間に食物を蓄えても、刈り入れ時にもなお食糧を集める。（同6章6～8節）
穏やかな心は肉体を生かす。妬みは骨を腐らせる。（同14章30節）
野菜を食べて愛し合うのは、肥えた牛を食べて憎み合うことにまさる。（同15章17節）
勤勉な人の計画は利益をもたらし、慌てて事を行うと損失を招く。（同21章5節）
富を得るために労するな。分別をもって思いとどまれ。目を富に向けても、そこに富はない。自ら鷲のような翼を生やし、天に飛んで行く。（同23章4～5節）
酒に見とれるな。酒は赤く、杯の中で輝き、滑らかに喉を下り、ついには蛇のようにかみ、コブラのように刺す。（同23章31～32節）

ごく一部を紹介しましたが、勤勉と節制を説く格言が多い印象でしょうか。蟻とキリギリスを思わせる格言などもあります。処世術としては月並みな内容で、時代遅れと言われるかもしれません。しかし参考になる格言ではあります。

箴言の言葉は因果律《いんがりつ》に拠っています。勤勉な者は豊かになり、怠け者は貧しくなるのですから、そういう意味では楽観的です。それに対して、ヨブ記やコヘレトの言葉は箴言の知恵が現実には適用できないような不確実性を説いています。

箴言には「ソロモンの箴言」という表題がありますので、ソロモンによって書かれたと言えそうですが、その解釈は今日では否定され、ソロモンというのは知恵のシンボルであって、箴言はその権威を借りて表題を付けただけだと考えられています。ソロモンの後の王国時代に由来する格言が基本になり、さらに編集されて、捕囚後に成立しました。

王国時代には、土地が平等に分配されており、因果律によって社会全体を見通すことができました。そのような社会では皆条件は同じですから、勤勉は実を結び、怠惰は実を結びません。ある行為にはそれに見合った結果が生じます。つまり努力が報われる社会です。

しかし、王国が失われた捕囚期・捕囚後の時代は、そのような先の見通せる社会ではなくなり、楽観的な因果律の知恵が通用しなくなります。努力は必ずしも報われない。勤勉な者が没落し、怠惰な者が富を得るという逆転した現実が生じます。

ヨブ記で義人《ぎじん》が報われないことや、コヘレトの言葉のように偶然が支配する歪んだ現実は、このような捕囚後の時代状況を反映していると説明できます。やや図式的な見方ですが、旧約聖書では、箴言のように楽観的な知恵が語られる一方で、ヨブ記やコヘレトの言葉などのように、報われない悲観的な知恵もまた見られるのです。

†貧しくもせず、富ませもせず

箴言の中には、処世術としてはやや意外な、けれども印象深い宗教的な格言があります。

私は二つのことをあなたに願います。私が死ぬまで、それらを拒まないでください。空しいものや偽りの言葉を私から遠ざけ、貧しくもせず、富ませもせず、私にふさわしい食物で私を養ってください。私が満ち足り、あなたを否んで、「主とは何者か」と言わないために。貧しさのゆえに盗み、神の名を汚さないために。（箴言30章7〜9節）

これは祈りの言葉です。神に向かって、自分がどう生きたいかを願い祈っているのです。自分の栄達や成功を求めるのではなく、あるもので満足できるようにという慎ましさに特徴があります。

「貧しくもせず、富ませもせず」という表現が心に触れます。なぜ富むことを求めないのか。それによって神を必要としなくなってしまうからです。なぜ貧しさを欲しないのか。それによって盗みを働き、神の名を汚してしまうからです。

箴言の中で、これほど慎ましい格言はありません。実に美しい格言です。箴言は単なる処世術ではなく、どう生きるべきか、その方向を教えてくれる知恵文学であることがわかります。今から二〇〇〇年以上前に、このような格言が存在し、このような人生を理想としてイスラエルの民が歩んだと思うと感慨深いものがあります。これがユダヤ・キリスト教世界で人間のあるべき理想像の一つでした。

†今あるもので満足する

資本主義経済は、より多くの富をより効率的に得ることを目指し、そこでは人間の欲望が無条件で肯定されます。それは豊かになるためです。けれども、この箴言の格言はそうした欲望にブレーキを掛け、今あるもので満足する生き方を尊びます。これと同じように考え、世界経済のあり様に警鐘を鳴らしているのが経済学者のシューマッハーです。

経済の面でいえば、われわれの間違った生き方というのは、第一に意識的に貪欲と嫉妬心をあおり、法外な欲望を解き放ってしまったことにある。人間を機械の力に引き渡したのは、貪欲のおかした罪である。現代人の心が貪欲——と嫉妬心——に征服されていないとすれば、「生活水準」が向上しているのに気違いじみた経済主義が収まらなかったり、いちばん豊かな社会がもっとも容赦なく経済的利益を追求したりするわけがない。

(…) 英知を求めるには、貪欲と嫉妬心という、今自分を支配しているものを捨てなければならない。捨てたとたんに訪れる静けさが——長続きしなくても——他の方法では得られない英知に満ちた洞察を与えてくれるのである。

一九七三年に出版されたこの著書の中で、シューマッハーは、今あるもので満足しなければならない、それが貪欲と嫉妬心という人間の心を阻止するために最も必要なことだと述べ、先ほど紹介した格言と同じような生き方を勧めています。

「嫉妬心」というシューマッハーの言葉は注目に値します。嫉妬心が私たち人間を経済発展に駆り立てるのです。その嫉妬心を捨てなければ、世界が最終的破綻に至るのは目に見えている。もし嫉妬心を捨てるならば、静けさが訪れるだろうとシューマッハーは言います。この「静けさ」こそ、箴言が祈り求める「今あるもので満足する生き方」ではないでしょうか。

妬みの気持ちを持ってしまったとき、私たちはどうしたらよいのか。単に処世術として解決するのではなく、自分の生涯で最終的に求めるものは何かを考えてみる必要があるのではないでしょうか。富みもせず貧しくもなく、「今あるもので満足する」ことだと結論する箴言の格言に、解決のヒントがあるように思われます。

5　イスラエル民族の象徴ヨナ――「自分だけ」を乗り越える

あなたは自分で労することも育てることもせず、ただ一夜にして生じ、一夜にして滅びたこのとうごまさえ惜しんでいる。（ヨナ書4章10節）

†神に抗議する預言者ヨナ

旧約聖書の預言書の中にひとつだけ突出して小さな物語があります。ヨナ書です。これは預言書というより、いわば「古代イスラエルの短編小説」のようなものです。まずその物語を辿ってみましょう。

主人公はアミタイの子ヨナ。ある日、神の言葉が彼に臨み、「ニネベに行って宣教せよ」という命令を与えられます。ところが、ヨナはそれに従わず、ニネベとは逆方向のタルシシュの町に向かいました。そこは現在のスペインと推測され、当時の「世界の果て」を意味します。

しかし、ヨナが乗り込んだ船は大嵐に遭遇し、沈没寸前になります。恐怖に襲われた船員たちは、誰かが神に不義を犯したせいに違いないと信じ、籤《くじ》で当たったヨナを荒れ狂った海に投げ込むと海は静まりました。

ヨナは大魚に飲み込まれますが、腹の中で三日三晩生き延びます。その後、大魚がヨナを陸地に吐き出すと、ヨナはニネベに向かいました。ニネベとはアッシリアの都で、メソポタミア地方の内陸部にあるので、大魚がヨナをニネベに吐き出したというのは辻褄が合いません。つまり、この大魚の奇跡のエピソードは小説的イマジネーションだということがわかります。

ニネベに辿り着いたヨナは神の命令に従い、「あと四十日で、ニネベは滅びる」と告げると、思いがけないことにニネベの人々は神を信じ、王も悔い改め、悪の道から離れました。それを見た神はこれをよしとされ、ニネベに対する裁きを翻したのです。

しかし、ヨナは不愉快でした。彼は自分の預言通りニネベが滅亡することを期待していたのに、神が裁きを翻えしてしまったからです。ヨナは「死んだほうがましです」と神に呟き、自ら小屋を作って、ニネベの滅亡を待つことにします。

神はヨナの小屋の近くにトウゴマを生やしました。このトウゴマという植物がヨナのお気に入りでした。トウゴマは低木で非常に成長が早く、日陰は酷暑を緩和してくれます。

ところが、神が一日でトウゴマを枯らしてしまうと、ヨナは弱り果て、またしても「死んだほうがましです」と神に向かって嘆きました。

最後に神はヨナを諭します。お前は一日で枯れるトウゴマをさえ惜しんでいる。それならば、どうして一二万人以上のニネベの人々、またたくさんの家畜たちを私は惜しまずにいられようか。

以上が、まるで冒険小説のように巧みな文学的技法で書かれたヨナ書の筋書きです。ヨナ書の意義は、その歴史的背景からも説明できます。

列王記下（14章25節）が、その背景を教えてくれます。紀元前八世紀半ば、つまり北王国イスラエルがアッシリアの脅威に晒されていた時代です。紀元前七二二年に北王国はアッシリアによって滅亡するのですが、その直前のヤロブアム二世の時代が預言者ヨナの活動期でした。

しかし、そうだとすると、これは驚愕すべきことです。イスラエルの神が、敵であるアッシリアの都ニネベに対して慈しみを示し、それを不愉快に思うヨナを教え諫めるという物語だからです。つまり、ヨナ書はイスラエルの民族感情を逆なでする衝撃的な書でもあるのです。

†イスラエル民族の象徴

ヨナ書がいつ書かれたか、確かなことはわかっていません。このように完結した文学様式で書かれたということは、捕囚期以降ではないかとも言われています。つまり、ヨナの時代は紀元前八世紀だが、ヨナ書として成立したのはもっと後代だということになります。

そう考えると納得がいく点があります。2章でヨナは大魚に飲み込まれ、三日三晩その腹の中にいるのですが、ヨナは自らを悔いて神に祈り、神を賛美するのです。これは旧約聖書の詩編とよく似ています。

ヨナの物語に神を賛美する詩文があるのは意外に思えます。けれども、この事柄はイスラエル民族の歴史に重ねると説明がつきます。イスラエル民族は紀元前五八七年にバビロニアに滅ぼされ、多くの人々がバビロニアに強制連行される体験をしました。

ヨナが嵐の海に投げ込まれ、大魚に飲み込まれるもそれを生き延び、吐き出されるという物語は、イスラエル民族の歴史そのものです。つまり、大国に滅ぼされ飲み込まれても、それでも命を与えられ、やがて解放されるという、イスラエル民族の捕囚の歴史とヨナの物語が重なっているのです。

イスラエル王国はアッシリアに滅ぼされ、ユダ王国はバビロニアに滅ぼされるのですが、そのようなイスラエル民族の破局の歴史がヨナの物語において通奏低音になっているようです。

ここで、預言者ヨナという存在はイスラエル民族の象徴であると理解できます。そのヨナの思いをはるかに超えた神の救済計画がヨナ書には示されています。なにしろ、神はイスラエル民族の敵であるアッシリアの都ニネベを、その家畜まで含めて救済するのです。敵国まで救うとは、イスラエルの選民思想とは相反するものです。

旧約聖書では申命記主義的神学が中心なので、神と契約を結んだイスラエルの民だけが神の祝福を受けることになっています。いわゆる異邦人、外国人は祝福の対象から外れるはずなのですが、ヨナ書ではこれが否定されているのです。

ここでは、アッシリアの都ニネベの一二万人が神の庇護《ひご》の対象になっています。このようなイスラエル民族主義を超える普遍的救済がヨナ書だけでなく、イザヤ書などにも見られるのです。イザヤ書ではエジプトとアッシリアの救済が、イスラエルよりも優先されます（19章23～25節）。そこが旧約聖書の面白いところです。つまり、旧約聖書は中心が一つではなく、相反する二つのものが中心となる楕円形的な思想構造になっていると言えます。

†「自分だけが」という気持ちを乗り越える

とにかく、神はイスラエルの敵アッシリアを憐れむのです。ところが、ヨナはそれを受け入れることができません。普遍的な慈愛の神とは対照的なヨナの偏狭な正義感が際立ちます。ヨナ書では、主人公の預言者ヨナはまさしくイスラエル民族の象徴であり、選民思想に固執する人物として描かれていますが、ヨナ書の意図は明らかです。

あなたは自分で労することも育てることもせず、ただ一夜にして生じ、一夜にして滅びたこのとうごまさえ惜しんでいる。（同4章10節）

つまり、寛容であれということです。ニネベの人々が滅びるのは神の意志ではありません。ヨナの偏狭なイスラエル民族主義が神によって諫められ、糺《ただ》されているのです。妬みという感情をどう処理するかが、本節での私たちの課題です。ヨナが心に抱いた妬みがここに浮かび上がります。彼の妬みは、本来自分が受けるはずの利益が自分の敵にわたったことで生じたものです。これはヨナには耐えがたいことでした。

ヨナが「死んだほうがましです」と繰り返し呟く様子は実にユーモラスです。神が示す寛容をヨナは受け入れることができません。自分は選ばれているという誇りがあるからです。しかし、これはなんとちっぽけな正義感でしょう。妬む自分の心の狭さにヨナは気づいていているでしょうか。ヨナ書は、妬む人間の未熟さを教えてくれます。

6　不正を行った管理人——大切なのは富ではなく友

そこで、私は言っておくが、不正の富で友達を作りなさい。そうすれば、富がなくなったとき、あなたがたは永遠の住まいに迎え入れてもらえる。（ルカ福音書16章9節）

†不正を行ったのに褒められた

妬みとは、自分のプライドを捨てられず人と比較し、他人のものを奪いたくなる泥沼のような感情だとすれば、それとは逆の行動をした興味深い「不正な管理人の喩え話」が聖書にあります。深く考えさせられる喩え話ですので紹介します。

イエスは、弟子たちにも次のように言われた。「ある金持ちに一人の管理人がいた。この男が主人の財産を無駄遣いしていると、告げ口する者があった。そこで、主人は彼を呼びつけて言った。『お前について聞いていることがあるが、どうなのか。会計の報告を出しなさい。もう管理を任せておくわけにはいかない。』管理人は考えた。『どうしようか。主人は私から管理の仕事を取り上げようとしている。土を掘る力もないし、物乞いをするのも恥ずかしい。そうだ。こうすれば、管理の仕事をやめさせられても、私を家に迎えてくれる人がいるに違いない。』そこで、管理人は主人に借りのある者を一人一人呼んで、最初の人に、『私の主人にいくら借りがあるのか』と言った。『油百バトス』と言うと、管理人は言った。『これがあなたの証文だ。早く座って、五十バトスと書きなさい。』また別の者には、『あなたは、いくら借りがあるのか』と言った。『小麦百コロス』と言うと、管理人は言った。『これがあなたの証文だ。八十コロスと書きなさい。』主人は、この不正な管理人の賢いやり方を褒めた。この世の子らは光の子らよりも、自分の仲間に対して賢く振る舞っているからだ。そこで、私は言っておくが、不正の富で友達を作りなさい。そうすれば、富がなくなったとき、あなたがたは永遠の住まいに迎え入れてもらえる。ごく小さなことに忠実な者は、大きなことにも忠実である。ごく小さなことに不忠実な者は、大きなことにも不忠実である。だから、不正の富について忠実でなければ、誰があなたがたに真実なものを任せるだろうか。また、他人のものについて忠実でなければ、誰があなたがたのものを与えてくれるだろうか。どんな召し使いも二人の主人に仕えることはできない。一方を憎んで他方を愛するか、一方に親しんで他方を疎んじるか、どちらかである。あなたがたは、神と富とに仕えることはできない。」（ルカ福音書16章1〜13節）

これは異色の喩え話です。主人から財産の管理を任されていた管理人が、自らの不正が発覚すると、なんと主人に借財のある者たちの証文を勝手に書き換えてしまうのです。こんなとんでもないことをしでかしたのに、彼は主人から褒められます。しかも、主人は「不正の富で友達を作りなさい。」と言います。これはどう考えても極端な話で、そのまま受け取ることには躊躇せざるを得ません。こんなことが聖書に書いてあるとは驚きです。

まず、この喩えについては多少説明を加える必要があるでしょう。「金持ちの主人」とは「神」のことを指しています。管理人とはその神から家の管理を任された私たち「人間」のことを示しています。そして、神から預かった財産を無駄遣いしている管理人は「罪人」ということになります。

油一〇〇バトスとは換算すると二三〇〇リットルになりますから、この管理人は相当の借財を負っている負債者を助けたことがわかります。主人がその管理人を呼び出し、会計報告を提出させるのは「最後の審判」をほのめかした展開です。

「永遠の住まいに迎え入れられる」という言葉が示唆するように、天国に入るために何が必要かをここでイエスは教えているようです。問題は、管理人が主人から借りている者の負債を軽くしたのを主人が褒めたことです。管理人が不正をしたのに褒められるということは、いくらなんでも少し理解しがたい展開だと思いませんか。

旧約聖書では、盗むこと、偽証することは禁じられているはずです。ここでの管理人の行動は主人の財産を盗むことであり、また主人に対して偽証することでもあるのに、それが褒められるとはどういうことでしょうか。

ここでは、盗みや偽証よりも、利他の行為が称賛されています。「隣人を愛する」ことは聖書では最も重要な倫理です。つまり、管理人は確かに不正を犯したけれども、他者の負債を軽減したことの方を主人は褒めているのです。

こうした喩え話は通常の秩序ある世界ではありえません。しかし、この喩えがほのめかす終末においては、これはひょっとして現実にありうることなのではないでしょうか。ここから、妬みという負のスパイラルを克服するヒントが見いだせるかもしれません。

†大切なのは富ではなく友

これについて筆者が思い出すのは杉原千畝《すぎはらちうね》という人物です。彼は第二次世界大戦のさなか、ヨーロッパ世界が破局に向かっていた時代に、外交官としてある行動をとったことで有名です。

彼はリトアニアの日本領事館の外交官で、当時、反ユダヤ主義を掲げるナチスの手から必死で逃れようとビザを求めてきたユダヤ人たちに、日本通過ビザを発給したのです。本国の指示に背き免職を覚悟して、六〇〇〇人ものユダヤ人のビザにサインをしました。

その中には、子供たちや高齢者もたくさんいました。もし杉原がそれをしなかったら、そのユダヤ人たちは全員捕らえられ、強制収容所に送られ、殺されてしまったに違いありません。当然のことながら、不正をした外交官は不名誉な処分を受けます。けれども、杉原は単に国益だけを守る外交官ではなく、かけがえのない大切な命を守る一人の人間として、あえて不正な行動をとったのです。

それには、彼がロシア正教のキリスト者であったことも関係しているでしょう。杉原は免職になりますが、戦後、多くのユダヤ人たちから「命の恩人」として慕われ、「偉大な外交官」と称賛されました。

なぜ杉原はあえて不正を犯したのか。それは、当時ユダヤ人が生存の危機に瀕し、まさしく終末的な事態にあったからです。杉原はそこで通常の秩序ではありえない行動をとりました。この行動は、先ほど紹介した聖書の喩え話の実例として説明できるのではないでしょうか。「不正の富で友達を作りなさい。そうすれば、富がなくなったとき、あなたがたは永遠の住まいに迎え入れてもらえる」という逆説的な表現は、この杉原に当てはまるように思われます。

「永遠の住まいに迎え入れてもらえる」とは宗教的な意味を持つ言葉で、たとえすべてを失ったとしても、天国に迎えられることができるという祝福を語っています。「不正の富で友達を作れ」とは、どう考えても違和感がありますが、終末の事態を考えれば、究極の利他的行為を勧めるこの言葉にも真理を見ることができます。

妬みとはプライドを捨てられず、他者のものを奪い取りたくなる泥沼だと、本節の最初に書きました。「不正な管理人の喩え」はその極北にあります。この喩え話で、管理人は自らのプライドも、何もかも失うという窮地に立たされます。

しかし、人はもし終末的状況に立たされれば、妬みから逃れることができるのかもしれません。常に人生の終わりを考えることが、いかに大切かがわかります。そのとき、大切なのは富ではなく友だと気づいた管理人は幸いだったのです。

Ⅳ 家族の大切さを忘れかけたとき

殺されそうだったモーセは、女性たちの見事な連携によって救い出され、命を与えられる。

(「ナイル川から拾われたモーセ」3世紀頃の壁画)

1　兄たちを赦したヨセフ——憎しみから赦しへ

しかし今は、私をここへ売ったことを悔やんだり、責め合ったりする必要はありません。命を救うために、神が私をあなたがたより先にお遣わしになったのです。（創世記45章5節）

†ヨセフの波乱の人生

創世記にヨセフ物語という壮大な物語があります。主人公ヨセフの波乱に富んだ、「古代の大河ドラマ」です。文豪トーマス・マンが書いた『ヨセフとその兄弟』という大著は、このヨセフ物語を題材にしています。

ヨセフは族長ヤコブの一二人の息子たちのうち一一番目。ヤコブはイサクの子で、イサクはアブラハムの子。旧約聖書の創世記の後半は「族長物語」と呼ばれ、アブラハム、イサク、ヤコブの物語が続きます。

そのヤコブの子らのうち、ヨセフが中心となって創世記はクライマックスとなります。ヨセフは族長ヤコブが年を取ってからできた息子で、しかも妻レアではなく、もう一人の妻、最愛のラケルにようやく与えられた男の子でした。

ヤコブはヨセフを溺愛し、特別に仕立てた晴れ着を与えるほどでしたが、兄たちはこれを快く思わず、ある時ついに爆発します。それは、ヨセフが自分の見た夢を家族に自慢げに語ったからです。

それは太陽と月と一一の星々がヨセフを拝むという夢でした。兄たちはそれを聞いて逆上し、ヨセフを痛い目に遭わせようと画策します。ヨセフをうまく荒れ野に誘い出し、深い穴に落として立ち去った後、エジプトに向かう商人に彼を売ってしまいます。こうしてヨセフはエジプトに渡ることになりました。

ヨセフは奴隷として、エジプトのファラオの親衛隊長ポティファルの家の管理を任されます。その妻に誘われて関係を迫られ危うく逃れるのですが、運悪く残った着物が証拠となって投獄されることになります。

ヨセフは獄中でも辛酸を舐めました。しかし、共に獄中にいたファラオの献酌官《けんしゃくかん》の夢を読み解いたことがきっかけで、ファラオの御前に出ることになります。ここでヨセフはファラオが見た不思議な夢を見事に解き明かし、宰相に抜擢されるのです。このように、まさにヨセフの人生は波乱の連続でした。
ヨセフが夢を読み解いた通りに、エジプトで飢饉が起こりますが、彼があらかじめ提言していたおかげで十分な穀物の備蓄をしておくことができました。その備蓄を頼って各地から食料を求めて来る人々の中に、ヨセフの兄たちがいました。宰相となったヨセフは気づかぬふりをして兄たちに対応します。こうして、ヨセフは自分をエジプトに売った兄たちと劇的な再会を果たすのです。

このヨセフ物語はほとんどフィクションです。そもそも旧約聖書の族長時代そのものが後になって記された記述であって、史実ではないのです。つまり、イスラエルの族長ヤコブの息子ヨセフがエジプトで宰相となって活躍した、という記録はエジプトには存在しません。

けれども、このヨセフ物語には何らかの歴史的伝承がありそうです。それは古代エジプトの歴史において、セム系のヒクソスがエジプト全土を支配した時期があったからです。紀元前二〇〇〇年紀の前半、紀元前一八〜一六世紀です。その時代に、パレスチナから渡ってきたあるセム人が宰相として国を治めたということは、あり得ないわけではありません。また、このヨセフの二人の息子、マナセとエフライムがイスラエル王国時代に北王国の中心であったことが、このヨセフ物語と関係しそうです。

†自分を傷つけた者と和解する

物語のクライマックスは、ヨセフが兄たちと再会する場面です。ヨセフは素性を隠して兄たちを宴会に招くのですが、その際に窃盗の罪を兄たちに負わせ、彼らを人質に取って弟ベニヤミンを呼び寄せます。何も知らぬ兄たちに一泡吹かせたヨセフは、その後、兄たちの前で自分はヨセフだと名乗るのです。腰を抜かすほど驚く兄たちにヨセフが語った言葉が心を打ちます。

私はあなたがたがエジプトへ売った弟のヨセフです。しかし今は、私をここへ売ったことを悔やんだり、責め合ったりする必要はありません。命を救うために、神が私をあなたがたより先にお遣わしになったのです。（…）神が私をあなたがたより先にお遣わしになったのは、この地で生き残る者をあなたがたに与え、あなたがたを生き長らえさせて、大いなる救いに至らせるためです。私をここへ遣わしたのは、あなたがたではなく、神です。神が私をファラオの父、宮廷全体の主、エジプト全土を治める者とされました。
（創世記45章4～8節）

感動的な場面です。ヨセフは過去に兄たちに裏切られ、穴に落とされ、エジプトに売り飛ばされ、囚人として投獄までされました。こうして散々な目に遭ったけれど、偶然にもエジプトの宰相に抜擢され、こうして家族を飢饉から救い出すことができました。ヨセフとしては自分の人生を踏みにじった兄たちを絶対に赦せない思いだったに違いありません。けれども、自分をエジプトに売ったのは兄たちではなく神であって、その神がこうして自分を導いて父の家を救う計画を進めたのだと告白をしたのです。

興味深いのはヨセフには夢を解く能力があったということです。最初に兄たちを怒らせたのも夢が原因でした。鼻持ちならないヨセフが、しかし夢を解くという能力によって獄中から解放され、またファラオの夢を読み解いて宰相となり、エジプトを飢饉から救ったのです。

さらに、晴れ着もまた、この物語の重要な要素になっています。ヤコブに着せられた晴れ着が兄たちの怒りを買い、穴に投げ込まれる前にそれを脱がされます。また、ポティファルの妻に着物を脱がされて痛い目に遭います。しかし、最後は再び晴れ着をまとってファラオの前に立ち、宰相の座に就いたのです。

ヨセフの人生はどん底まで下り、やがて上向きになる。彼の人生のすべてを導いたのは神であると、ヨセフは考えているのです。「神がここへ遣わした」というヨセフの言葉にヨセフ物語の意図が凝縮されています。

　この物語で重要なのはヨセフが兄たちと和解することです。ヨセフにとっては赦せない兄たちへの憎悪の感情が、にもかかわらず神の不思議な摂理によって克服されています。考えると、事の始まりはヨセフ自身の傲慢だったうえ、不幸なハプニングもありました。エジプトで人生の辛酸を舐めたヨセフは、故郷の家族への思いはあったにせよ、兄を赦せない気持ちを抱き続けていました。しかし、ヨセフは最後に家族の大切さに気付かされます。

　彼は兄たちと和解を果たし、さらに父ヤコブの家族全員をエジプトに呼び寄せます。このエジプト滞在が後にイスラエル民族の出エジプトという出来事をもたらすことになります。ヨセフは死の前に、自分の骨を故郷のカナンに運んで葬ってほしいと託し、それが創世記の最後を締めくくるエピソードとなっています。

　その後のイスラエル民族の歴史は、このヨセフ物語、つまりヤコブの家族崩壊の物語から始まります。しかし、最後に家族を赦すという決断にヨセフが導かれる。二千数百年前に書かれた大河ロマンの重要な意義はそこにあります。

2　女たちに守られたモーセ――家族から与えられた命

私が行って、あなたのために、この子に乳を飲ませる乳母をヘブライ人の中から呼んで参りましょうか。（出エジプト記2章7節）

†イスラエル人を導いた預言者モーセ

預言者モーセの名を知らない人はいないはずです。モーセは旧約聖書を代表する人物であり、また旧約聖書の中心を成す律法の代名詞です。創世記から申命記まで五つの書をモーセ五書と呼び、一般的に律法あるいは五書とも言います。五書はモーセが書いたと言われています。そのモーセが登場するのが出エジプト記です。イスラエルの民をエジプトから脱出させ、約束の地に導いた指導者がモーセでした。モーセの力によって、海が壁のように分かれてできた道をイスラエルの民が通り、エジプト軍の追撃を逃れたという奇跡が有名です（出エジプト記14章21〜25節）。

しかも、民が渡り終わると海は元に戻り、エジプト軍の戦車隊は飲み込まれてしまいます。その後、モーセはイスラエルの民を率いて荒れ野を旅し、約束の地カナンを目指しました。ヨルダン川を渡ればもうカナンの地ですが、その手前で、約束の地を踏むことなくモーセは生涯を終えます。五書を締め括る申命記の終わりに、モーセの最期が記されています。モーセ自身の死についても記されているにもかかわらず、この五書はモーセによって書き記されたという伝説となっています。

モーセは伝説的な人物です。彼の生い立ちについては出エジプト記に記されています。それによると、モーセはエジプトの地でイスラエルのレビ族の両親の間に生まれました。「モーセ」という名前はエジプト語に由来しています。

当時、イスラエルの民はエジプトで奴隷として酷使されていました。およそ紀元前一四世紀と推測されています。創世記ではヤコブ（別名イスラエル）の家族がヨセフに呼び寄せられ、エジプトに寄留することになります。

しかし、その後、彼らは外国人としてエジプト人に隷属し、ピラミッドを建設する貴重な労働力にもなったのです。彼らはヘブライ人と呼ばれました。しかし、あまりに数が増えたため、エジプトのファラオはヘブライ人の男児を抹殺し、人口を抑制しようとします。

モーセは、この民族虐殺政策の時代に生まれています。母は生まれたモーセを自らの手で殺すことができず、樹脂で防水されたパピルス（紙の原料となる植物）の籠に入れ、ナイル川の水草の茂みに置きました。そこに水浴びに来たファラオの娘がその籠を見つけ、宮廷に連れて帰る。これが、モーセの出生に関わる物語です。そのため、モーセはヘブライ人でありながら、エジプトのファラオの宮廷で王女の庇護を受けて育ったのです。

このように、モーセの生涯は波乱に富んでいます。そうした自らの出自を知って、奴隷状態のヘブライ人に同情したモーセでしたが、正義感が空回りして人を殺《あや》め、宮廷から逃げ出し、ミデヤンの地に身を潜めて、そこで密かに人生を送ったのです。

モーセが寄留したミデヤンの地が、旧約聖書におけるヤハウェ信仰の起源だと推測する見方があります。ヤハウェとはもともとミデヤン人の神であって、それがモーセの媒介によってイスラエルの神となったという仮説です。

ミデヤンの山ホレブ（シナイ山）で、モーセが燃える柴から神の声を聴くという不思議な出来事があります（同3章）。このときもモーセは神からミッションを与えられ、ヘブライ人を救い出すために再びエジプトに遣わされます。

果てしない苦労の末、モーセはついにこの民をエジプトから連れ出し、約束の地カナンに導きました。出エジプトという出来事はイスラエル民族の歴史の始まりとされますが、モーセの生涯とも密接に繋がっているのです。

✝命のバトン

モーセには、兄のアロン、姉のミリアム、ミデヤン人の妻ツィポラ、息子のゲルショム、舅《しゅうと》のエトロ（別名レウエル）という家族がいました。

モーセとアロン、ミリアムとの間では、民を治める主導権をめぐり確執がありました。また妻のツィポラの機転で、思いがけずモーセが死を免れた不気味な話も聖書に記されています（同4章）。

先述のようにモーセは伝説的な人物であったため、家族についてはわかっていないことも多いのですが、それでもモーセの家族の物語には印象深い記述があります。

モーセの誕生に際しては、彼を救い出すために人々の見事な連携がありました。モーセが生まれたとき、母親は我が子を殺《あや》めるのを拒みパピルスの籠に入れ、密かに水草の茂みに置きました。それを見守っていたのは姉ミリアムです。彼女が母親と連携し、王女にうまく発見されるよう隠します。王女は籠の中で泣く赤子を不憫《ふびん》に思い、王宮に連れ帰ろうとします。そのとき、ミリアムは王女に言うのです。

私が行って、あなたのために、この子に乳を飲ませる乳母をヘブライ人の中から呼んで

参りましょうか。(同2章7節)

こう申し出たミリアムは母親を乳母として連れてきます。つまり、モーセは実の母親の乳を飲んで育てられたのです。これは、赤子を守るために家族が命がけで考え出したアイディアでした。

興味深いことに、この記述の直前には、ヘブライ人女性の出産に立ち会う助産婦たちの逸話が記されています。ファラオからヘブライ人の男児を殺せと命じられても、助産婦たちは従いません。

「ヘブライ人の女はエジプト人の女とは違うのです。彼女たちは丈夫で、助産婦が行く前に産んでしまいます」(同1章19節)と言い訳をして、助産婦たちはかけがえのない命を守りました。

こうしてモーセの命を守る愛のバトンが、助産婦、母、姉、ファラオの娘、いずれも女性たちの手から手へと繋がれていきます。聖書では、人の命を守るのはいつでも女性たちです。大量虐殺を要求する理不尽な現実の中で、母や姉が必死になって知恵を尽くし、幼子の命を守っています。こうして幼子の命を守った家族の姿が、モーセの出生に関わるエピソードとして記されているのです。

籠に入れられた赤子のモーセは水草が茂る川のほとりに置かれ、その籠は樹脂で水がしみ込まないように施されていました。その水の中から命が引き出されるのです。

モーセという名前はエジプト語に由来すると同時に、ヘブライ語の「引き出す」（マーシャー）から来ています。モーセは水から引き出され、救い出されたからです（同2章10節）。

また、赤子のモーセを納めた「籠」はヘブライ語で「テーバー」。これは創世記の「ノアの箱舟」と同じ言葉です。モーセの命を守る籠はまさしく「箱舟」でした。

旧約聖書はかくも象徴的にモーセの出生の物語を書き記しています。イスラエルの民はやがてモーセによってエジプトを脱出し、海の中を通って救済されます。この民族救済の歴史の始まりに、モーセの命を守った家族の歴史があったのです。

家族によって水から引き出され、命を守られたモーセがイスラエルの民の命を救ったと聖書は伝えます。愛によって命を救われた者が今度は人々を救うのです。出エジプトのヒーローであるモーセの生涯の原点は、家族から与えられた命でした。

3　ナオミの悲嘆に寄りそう外国人ルツ――家族を失っても一人ぼっちじゃない

あなたを見捨て、あなたに背を向けて帰るなど、そんなひどいことをさせないでください。あなたが行かれる所に私は行き、あなたがとどまる所に私はとどまります。（ルツ記1章16節）

†ナオミの苦難と救い

ルツ記という心温まる美しい物語があります。旧約聖書の中にある「短編小説」で、ルツという女性の物語です。ルツ記と言うと、貧しい外国人のルツが麦の収穫で残った落穂を拾い集めて、義母ナオミと分かち合うという逸話があり、この光景を「落穂拾い」として描いたミレーの絵画が有名です。

ルツ記は旧約聖書では士師記《ししき》の次に置かれている書です。ユダヤ教ではルツ記は、哀歌《あいか》、雅歌《がか》、コヘレトの言葉、エステル記とともにひとつにまとめられます。

それに対してキリスト教では、ルツ記は士師記とサムエル記の間に置かれます。それはルツ記の冒頭に「士師たちが世を治めていた頃」という説明書きがあるからです。士師の時代とは、イスラエルの王国が成立する前で、ルツ記はこの時代の物語です。

しかし、ルツ記が書かれたのはずっと後の時代だと考えるのが一般的です。また、物語自体はフィクションですが、この中にイスラエルの歴史が象徴的に織り込まれていると考えられています。

物語は、ナオミというイスラエル民族の女性を中心に始まります。ルツ記という書名ですが、実はナオミの物語でもあるのです。ナオミは、ベツレヘム出身のエリメレクの妻で、二人の息子がおり幸せに暮らしていました。

しかし飢饉が起こり、ナオミの家族は故郷を離れて隣国モアブの地に逃れ、そこで生活を始めます。ところが、頼みの夫が倒れ、二人の息子たちをも失ってしまいます。かつて家族四人で貧しくとも幸せであったナオミは異国モアブの地ですべてを失い、一人きりになってしまいました。

なんという理不尽。死んだ二人の息子たちにはそれぞれモアブ人の妻がおりましたが、ナオミは寡婦《かふ》となったこの二人に実家に帰るよう強く勧めます。しかし、ルツという名の嫁だけは実家に帰ろうとしません。彼女はナオミに寄りそい、ナオミの故郷ベツレヘムに一緒に向かうのです。

ナオミがベツレヘムに着いたとき、町で迎えた人々はやつれ果てた彼女の変わり様に驚きました。それを見てナオミは、自分を「ナオミ（快い）と呼ばずに、マラ（苦い）と呼んでください」と嘆いたと記されています。

ナオミに寄りそって来たルツは外国人であったため、町では冷たくあしらわれますが、それでも懸命に生きました。夫を失った女は生活の糧を得ることができません。ナオミの夫エリメレクの土地はすでに人手に渡り、ナオミとルツは身を寄せ合って生きるほかありませんでした。

ちょうど秋の収穫の時期となり、ルツはエリメレクの親族を頼って、落穂拾いに出かけます。イスラエルの律法では、収穫後に残った落穂はそのままにしておき、寡婦や寄留の他国人に拾わせよと命じられています。ルツは親族ボアズの畑で、その恵みに与《あずか》りました。

そこでボアズはルツに好意を示します。その後、麦打ち場でルツが示した求愛にボアズが応えてエリメレクの土地を買い戻し、ルツを妻に迎えたのです。

イスラエルには家を守るためのレビラート婚（義兄弟結婚）という社会的制度がありました。亡くなった長男の妻が、次男など身近な人物と再婚する仕組みです。ルツの求愛にはそれが関係しています。

ボアズはエリメレクの親族として律法の定めに従い、ナオミの土地を買い戻しました。この「買い戻し」をヘブライ語で「ゴーエール」と言います。これは「贖《あがな》う者」という意味で、旧約聖書では「救い主」という意味にもなります（ヨブ記19章25節）。

ボアズはナオミとルツにとって、まさしく「贖い主」でした。そのボアズとルツの子が、のちにダビデの祖父となるオベドです。

†家族を失った苦難に寄りそう

ルツ記は、幸せを失って理不尽な人生を歩んだナオミを神が見捨てることなく、ルツというモアブの女性によって救われるという物語です。そこでは神が目に見えない仕方でナオミを導いています。このルツ記で重要なポイントとなるのは、家族を失い一人ぼっちになったナオミに、ルツが寄りそって語った言葉です。

あなたを見捨て、あなたに背を向けて帰るなど、そんなひどいことをさせないでください。あなたが行かれる所に私は行き、あなたがとどまる所に私はとどまります。（ルツ記1章16節）

ルツはナオミを置いて実家に帰る道を選びませんでした。そのひたむきで真摯《しんし》なルツの言葉をナオミは受け止めます。ルツはナオミと血の繋がりはなく、しかもイスラエルとは敵対していたモアブ人です。イスラエル人にとってモアブ人は神の祝福の外側にある存在でした。けれども驚くべきことに、この外国人ルツが神の救済計画を担うことになります。

ボアズとの結婚により生まれた息子オベドをナオミが胸に抱くと、町の女たちは「ナオミに男の子が生まれた」と喜んだと記されます（同4章17節）。これは、ナオミがオベドを養子にしたという意味でしょう。家族全員をなくしたナオミは、ルツによってわが子を得たのです。

先ほども指摘した通り、ルツが産んだこの子は、イスラエルの歴史において最も重要なダビデの祖父となります。聖書では、ダビデの王位は不滅であると約束されているほどです。

その神の救済計画をナオミが担うことになります。ルツという外国人によって、それが実現するのです。ルツは「選ばれた民」ではないにもかかわらず、聖書に記されているイエス・キリストの系図にも出てきます。

サルモンはラハブによってボアズをもうけ、ボアズはルツによってオベドをもうけ、オ

ベドはエッサイをもうけ、エッサイはダビデ王をもうけた。(マタイ福音書1章5〜6節)

外国人は「選び」から除外されているはずですが、モアブ人のルツがダビデ王の曽祖母であったということが書かれています。こうしてルツは、贖い主であるキリストの誕生に繋がる人になるのです。

このように見ていくと、ルツ記からは家族というテーマが見えてきます。ここではナオミの家族が歩んだ苦難の歴史が、そのままイスラエル民族が歩んだ歴史に重なります。この民族は何もかも失い、悲嘆に暮れる経験をしました。それが王国滅亡と捕囚という歴史的出来事です。

ナオミの姿はこの民族の苦難を象徴しています。故郷を去り、家族を失い、すべてを奪われて途方に暮れ、不条理を嘆き神を呪ったナオミという女性が、しかし外国人のルツによって新しい家族を与えられ、人生が贖われる。

ナオミは一人ぼっちではありませんでした。不条理を嘆く彼女の傍らにはいつもルツがいたからです。神の救済計画は思いがけない仕方で進み、現在の私たちにも繋がります。ナオミに寄りそったルツの存在が、神は不在ではないことの証明となっているのです。

4　息子を死なせた「神の人」ダビデ――家族同士の諍いの果てに

わが子アブシャロムよ、わが子よ、わが子アブシャロムよ。私がお前に代わって死ねばよかった。アブシャロム、わが子よ、わが子よ。（サムエル記下19章1節）

†最も慕われた王の哀しい家庭生活

ダビデは旧約聖書で最も愛され、慕《した》われた王として知られています。ダビデの王国は永遠に続くと約束されました。またダビデは「神の人」と呼ばれ、詩編のシンボルでもあります。

しかし、そのダビデが家庭において辛い経験をした人物であることは、あまり知られていません。本節では、ダビデの生涯において最も深刻な出来事であった息子アブシャロムの悲劇について考えたいと思います。

ダビデについては、本書ではすでにサウル王との確執を取り上げました。サウル王が非業の死を遂げた後、ダビデはイスラエルを一つに束ねてイスラエル王国を築きます。最初はユダ族の王となり、七年後には全イスラエルの王として君臨したのです。

十二部族のうち、ユダとベニヤミンは南部の部族であり、ほかの諸部族は北部イスラエルに属します。その境い目にあたる要衝《ようしょう》エルサレムをダビデは攻略して都としました。王としてのダビデの手腕は見事なもので、絶大な権力を手中にしました。

しかし、ダビデは赦されない過ちを犯します。王の権力を利用して、密かに部下ウリヤの妻バト・シェバを奪い取ったのです。屋上から水浴しているバト・シェバを見てダビデは心奪われ、密かに彼女を王宮に呼び寄せて関係を持ちます。

バト・シェバが身籠《はら》ったと知るや、ダビデは急いでウリヤを戦場から呼び寄せ、バト・シェバが夫の子を孕んだことにしようとしました。ところが、武人であるウリヤは妻のもとに帰ろうとしません。そこでダビデは逆にウリヤを激戦地に送り込み、その最前線で戦死させてしまうのです。これは明らかに権力濫用による犯罪です。けれども、預言者ナタンが糾弾するとダビデは自らの過ちを認め、深く悔いました。

ダビデ自身の家庭もまた混迷し、家庭崩壊と言わざるを得ないあり様でした。実はダビデには複数の妻と多くの息子たちがおり、後継者争いが生じていたのです。その中で、長男アムノンが母違いの弟アブシャロムの妹タマルをレイプしてしまうという事件が起こります。深く傷つき、ふさぎ込んだ妹のために、アブシャロムは復讐を決意し、アムノンを殺害します。

兄弟で殺し合いをする姿にダビデは心を痛めましたが、父親としてきちんとした対応ができず、逃亡したアブシャロムを黙認してしまいます。やがてアブシャロムは復帰を許されると、ダビデの王宮で次第に台頭し、ダビデを凌ぐ存在となりました。しかし、これがさらなる悲劇に繋がるのです。

王位継承の上位にあったアドニヤを、バト・シェバが産んだソロモンが殺害して、最終的にはダビデの後継者の座に就きます。アムノンだけではなくアドニヤも、血を分けた兄弟によって殺されてしまったのです。息子たちが殺し合い、妹をレイプするという悲惨な出来事がサムエル記には記されています。「神の人」ダビデは「火宅《かたく》の人」であり、悲惨な家庭崩壊を経験した王でもありました。

†父子の血で血を洗う抗争の果てに

ダビデの晩年は、アブシャロムの悲劇的出来事によって締め括られます。聖書には、ダビデがいかに苦悩したかが書き記されています。アブシャロムはダビデの三番目の息子で、稀に見るイケメンでした。彼は妹タマルがレイプされたことへの復讐を遂げ逃亡するのですが、ダビデは彼に手出しができません。

復帰後のアブシャロムは、民衆の心をダビデから自分の方へ巧みに引き寄せました。その結果、アブシャロムはヘブロンで自ら王座に即《つ》きます。もともとダビデの家は南部のユダ族に属し、ヘブロンはその中心でした。ここで、アブシャロムは父ダビデより自らがユダ族の王としてふさわしいと宣言したのです。

アブシャロムの勢いは止まりません。民衆の心をしっかり摑んだ彼に、ダビデはエルサレムの王宮を明け渡さざるを得ませんでした。さらに、息子アブシャロムが王宮で父ダビデの寝台に上り、ダビデの妻たちを奪うというおぞましい反逆が起こります。ダビデはこうして息子から王の地位を奪われ、逃亡を余儀なくされました。

しかし、やがて形勢は逆転します。ダビデは百戦錬磨でした。次第に勢力を挽回し、ついにアブシャロムとの最終決戦となりました。この戦いでアブシャロムは敗れ、森へ逃げ込みます。その途中、らばにまたがるアブシャロムは樹木に頭がひっかかり、宙づりになったところをダビデの兵に討ち取られ、悲惨な最期を遂げるのです。

ダビデのもとに、アブシャロムの訃報《ふほう》が届きます。それはダビデの勝利を告げるものですが、同時に、最愛の息子を失った知らせでもありました。このときのダビデの言葉がサムエル記に記されています。

王は身を震わせ、門の上の部屋に上って泣いた。彼は上って行きながらこう言った。「わが子アブシャロムよ、わが子よ、わが子アブシャロムよ。私がお前に代わって死ねばよかった。アブシャロム、わが子よ、わが子よ。」（サムエル記下19章1節）

ダビデの慟哭《どうこく》の言葉です。この「アブシャロム、アブシャロム」というダビデの嘆きは、のちにアメリカの作家ウィリアム・フォークナーの小説『アブサロム、アブサロム！』のタイトルにもなり、よく知られています。

ダビデは最愛の息子を抗争の末失い、悲しみに暮れます。しかし、ではダビデはどうすればよかったのでしょうか。

もし、タマルがアムノンによってレイプされたとき、ダビデがアムノンを赦さず徹底的に断罪したならば、アブシャロムは復讐のための行動を起こさなかったかもしれません。もし、アブシャロムがアムノン殺害後に逃亡したとき、ダビデが速やかに行動を起こしていれば、あるいはアブシャロムはダビデへの反逆を思いとどまったかもしれません。

しかし、ダビデは父親として息子アブシャロムにきちんと向き合うことが最後までてきず、自ら何の責任を負うこともしませんでした。父親として何をなすべきか、ふさわしい道を選択することができなかった。運命の糸がダビデを翻弄し続けたようにも思えます。こうして、偉大な王ダビデは晩年に大切な家族を失ってしまうのです。

家族の大切さを忘れかけたとき、私たちはどうすればよいのでしょうか。アブシャロムを失ったダビデの悲嘆ははかり知れません。では、家族の大切さは、それを失って初めて気づかされるということなのでしょうか。「アブシャロム、アブシャロム」と嘆いたダビデのエピソードを読むと、そのように思わざるを得ません。やりきれない気持ちになります。にもかかわらず、ダビデによってイスラエルの王国は繁栄し、祝福されました。聖書ではダビデの王座はとこしえに続くと約束されています。その事実が変わることはありません。

5　妻を探した預言者ホセア――裏切られても愛することをやめない

エフライムよ、どうしてあなたを引き渡すことができようか。イスラエルよ、どうしてあなたを明け渡すことができようか。どうしてアドマのようにあなたを引き渡し、ツェボイムのように扱うことができようか。私の心は激しく揺さぶられ、憐れみで胸が熱くなる。私はもはや怒りを燃やさず、再びエフライムを滅ぼすことはない。私は神であって、人ではない。あなたのただ中にあって聖なる者。怒りをもって臨むことはない。(ホセア書11章8〜9節)

†神を裏切ったイスラエル

預言者というと、未来を予告する超能力を持つ人をイメージするかもしれませんが、聖書に出てくるイスラエルの預言者はそういう「予言者」ではありません。「預言者」という訳語が当てられているように、彼らは「神の言葉を預かって、それを語る人」なのです。

旧約聖書では、初期の伝説的預言者を除いて、紀元前八世紀頃から預言者たちが活動を始めます。その一人が預言者ホセアです。イザヤやエレミヤに比べるとあまり知られていませんが、彼の預言には人間性がにじみ出ていて、心を動かされます。

ホセアが活動した紀元前八世紀の北王国イスラエルでは異教的な慣習がはびこり、イスラエル的な宗教事情が甚だしく崩れていたようです。「異教的」というのは、イスラエルが占領する以前のカナン宗教の影響が非常に強かったということを指しています。

カナン宗教はバアル宗教とも呼ばれますが、自然的豊穣を約束してくれる多神教的な宗教です。天空を支配する男性神バアルと大地母神アシェラによって自然のサイクルが成り立ちます。天上から雨が降り注いで大地を潤し、植物は実を結びます。冬になるとすべての植物は枯れますが、春にはまた芽を出します。

つまり、カナン宗教は自然崇拝であり、またバアルとアシェラが男女のペアであるように、セクシュアルな関係が特徴的です。それはイスラエルのヤハウェ一神教とは著しく異なるものです。しかし、当時の北王国イスラエルでは両者が融合していたようです。

例えば、「男たちも遊女らと一緒になって離反し、神殿娼婦らと共にいけにえを献げるからだ」と書かれていて、当時は神聖な神殿が娼婦の館になっていたようです。実際にそうであったのか、それとも大げさな比喩で表現されているのか確かではありませんが、当時の宗教事情が厳しく批判されているのは明らかです。ホセアが預言者となったのはそういう時代でした。彼の預言には、神がそんなイスラエルの民をどのように見つめていたかが読み取れます。

預言者としてのホセアのキャリアは、彼が「淫行の女を娶《めと》れ」と神から命じられ、ゴメルという女性を妻に迎えたことがきっかけで始まります。ホセアはゴメルとの間に三人の子供を与えられ、子らに名前を付けるのですが、その名前が非常に特異です。

第一子はイズレエルといい、北王国の歴史において忌まわしい流血があった地名です。第二子はロ・ルハマで、「憐れまれない者」という意味。第三子はロ・アンミ、「我が民ではない」という意味です。

ホセアは三人の子らに、神がイスラエルの民をどう見ているかを、その名で象徴的に示したのです。こんな名前を付けられた子供たちは不憫《ふびん》だと誰もが思います。しかし、ホセアは自分の子をあえてそう呼ぶことで、この時代の神の意志を預言し、証言したのです。

ところが、ホセアの家庭生活はその後、崩壊してしまいます。ゴメルが家を出て、姿を消したのです。この間の事情は書かれていません。ゴメルについて聖書では「淫行の女」と表現されているので、彼女はもともと娼婦であり、その仕事に戻ったのだと想像できます。ホセアは苦悩したはずです。妻に裏切られたホセアの愛と憎しみの葛藤がこの預言書から滲み出てきます。

†裏切られてもなお愛することをやめない

ゴメルへの愛の葛藤で苦しむホセアに、神は「行って、ほかの男に愛され、姦淫《かんいん》を繰り返す女を愛せよ」と言います。ホセアはそれに従い、ゴメルを探しに行くのです。娼婦の生活に戻っていたゴメルを、ホセアは銀一五シェケルで買い戻したと書かれています。彼は財を捨ててゴメルを買い戻し、家に連れ帰りました。「あなたは長く私のもとで過ごし、淫行をせず、ほかの男のものになってはならない」とホセアはゴメルに語りかけました。

ここからは、ホセアのとてつもない愛が伝わってきます。しかし、それにしても、なぜ神はそのようにホセアに命じ、彼はそれに従ったのでしょうか。

それは、この時代にイスラエルの民がヤハウェに背を向けていたからです。神はイスラエルの民を選び、契約を結びました。しかし、イスラエルはヤハウェではなく、別のバアル神を慕っている。この裏切りによって、ヤハウェはイスラエルとのすべての約束を無効にしてもよかったはずです。しかしヤハウェはイスラエルを見捨てることができません。そのことがホセアの預言で詠われています。

エフライムよ、どうしてあなたを引き渡すことができようか。イスラエルよ、どうしてあなたを明け渡すことができようか。どうしてアドマのようにあなたを引き渡し、ツェボイムのように扱うことができようか。私の心は激しく揺さぶられ、憐れみで胸が熱くなる。私はもはや怒りを燃やさず、再びエフライムを滅ぼすことはない。私は神であって、人ではない。あなたのただ中にあって聖なる者。怒りをもって臨むことはない。

（ホセア書11章8〜9節）

これは神からイスラエルへの強烈なラブコールです。神の愛をこれほどストレートに表現した言葉はありません。裏切られても愛を貫こうとする。そのためイスラエルへの愛を捨てることができない。

預言者ホセアは自らが同じ苦悩を経験することで、神の愛を証言しています。裏切った妻の姿は、神を裏切ったイスラエルの民の姿に他ならない。「神は愛である」という聖句が新約聖書にありますが、その起源と言うべき旧約聖書の預言をホセアは語っています。これは、神が独り子を遣わして世を贖ったという神の救済行為と響き合います。

ホセアの預言には、彼の家族のことが背景に透けて見えます。ここではゴメルという女性の罪深さが強調されますが、これについては慎重に考えねばなりません。

ゴメルは実はごく普通のイスラエル女性に過ぎなかったと解説する学者もいます。当時、イスラエルの民は皆ヤハウェに背を向けていたのであって、ゴメルの不貞をことさらに強調すべきではないというのです。

ホセアの結婚生活が破綻していたのは確かですが、それについてはゴメルだけでなく、ホセア自身もまた責任を問われる必要があるように思われます。例えば、三人の子供の命名を母親ゴメルは受け入れたくなかったはずです。家族の大切さを忘れかけたのは、ゴメルではなくホセア自身であったかもしれません。

その後、ホセアとゴメルの心の傷は癒えたでしょうか。ホセアの家庭に平和が戻ったかどうかはわかりません。しかし、結婚生活が破綻する現実においても、裏切られてなお愛することをやめない神の愛を知ることに、家族の傷を癒す希望があるように思われます。

6 母を弟子に委ねたイエス——血縁を超えた家族へ

イエスは、母とそのそばにいる愛する弟子とを見て、母に、「女よ、見なさい。あなたの子です」と言われた。それから弟子に言われた。「見なさい。あなたの母です。」その時から、この弟子はイエスの母を自分の家に引き取った。（ヨハネ福音書19章26〜27節）

†「救い主」の母マリア

新約聖書の福音書と呼ばれる章の中には、イエス・キリストの家族のことが記されています。母マリアのことももちろん書かれていますが、「聖母マリア」として、神聖な人物として紹介されているわけではありません。神の子とされるキリストは、母親や家族についてどのように考えていたのでしょうか。

イエス・キリストと書きましたが、「キリスト」という名称は名字ではありません。「キリスト」はギリシア語で、もともとのヘブライ語では「マシアハ」、つまり「メシア」という言葉です。

前にも述べたように「メシア」とは「油注がれた者」、すなわち「救い主」を意味します。ですから、イエス・キリストという名は、「救い主であるイエス」という意味であって、聖書では信仰告白として表明された名前なのです。

イエスは本名です。ナザレ出身なので「ナザレのイエス」とも呼ばれます。また、「イエス」という名前は当時はありふれた名前でした。イエスとはヘブライ語では「イェシュア」と表記され、それは「ヤハウェ（神）は救う」という意味になります。

このキリストと呼ばれるイエスには家族がいました。マタイ福音書とルカ福音書では、イエスの父はダビデの血筋に属するヨセフで、母はマリアであると紹介されています。父ヨセフはイエスが成人になる前に他界したようです。

イエスには弟たちと妹もいました。弟の一人はヤコブと呼ばれ、このヤコブはイエスの死後、初期教会の指導者として重要な役割を果たしています。宣教に尽力した使徒パウロもまた、イエスの弟ヤコブには深い敬意を表しています。さらに、新約聖書に含まれるヤコブの手紙はこのイエスの弟ヤコブが書いたものだと考えられます。

イエスは長男でしたから、父ヨセフの他界後、家族を養うために働いただろうと想像できます。仕事は大工であったようです。三〇歳の頃、イエスはガリラヤの地で神の国の福音を語り伝える宣教のために家を出ました。あまりに突然のことゆえに、母マリアと弟たちはイエスは気がおかしくなったと思い、彼を家に連れ帰ろうと説得にやって来たという話が福音書に記されています。母マリアも弟ヤコブもイエスの振る舞いを理解することができなかったのです。ここでのマリアは息子の変わりようにおろおろする普通の母親として描かれています。

その後の母マリアについては、いくつかエピソードがあります。例えば、ヨハネ福音書に書かれている「カナの婚礼」の出来事です。その婚礼に母マリアとイエスが招かれますが、そこで婚宴に欠かせないブドウ酒が足りなくなるのです。

マリアはこれは大変と思い、イエスに助けを求めました。ところが、イエスは「女よ、私とどんな関わりがあるのです。私の時はまだ来ていません」と冷たく突き放してしまいます（同2章4節）。

これは普通の母と息子の会話ではありません。しかし、この後、結局はイエスが指示して、水がめに入れた水が良質のブドウ酒に変わり、婚宴の祝いは滞りなく進められました。この箇所を読むと、母マリアはイエスが「救い主」であることを理解し、受けとめていたように思えます。その後、イエスは十字架への道を進みます。迫り来る最期を見つめるイエスにとって家族はどういう意味を持っていたのでしょうか。

†最期のときまで母を気遣うイエス

イエスが十字架で死を遂げる記述の中に、母マリアと「愛する弟子」に向かって呼びかけている言葉があります。

イエスは、母とそのそばにいる愛する弟子とを見て、母に、「女よ、見なさい。あなたの子です」と言われた。それから弟子に言われた。「見なさい。あなたの母です。」その時から、この弟子はイエスの母を自分の家に引き取った。（同19章26〜27節）

この「愛する弟子」が誰であったかははっきりとはわかっていません。ヨハネ福音書を書いたとされるヨハネではないかと思われますが、それが十二使徒の一人のヨハネと同一人物かどうかは不明です。

この会話はヨハネ福音書だけにしか書かれていないので、史実かどうか確認はできませんが、これを読む限り、イエスが死の淵にあっても母マリアを気遣っていたことがわかります。

イエスは家族を守る長男として、母親の老後を心配していたに違いありません。母マリアに「見なさい。あなたの子」と愛弟子を指差し、また、この愛弟子に母を頼むとイエスは伝えたのです。「見なさい。あなたの母です」という言葉はそういう意味です。

イエスが母と愛弟子に告げたことは、麗しい家族愛として読むことができます。彼は最期まで家族を、とりわけ母親を案じていました。イエスの死後、復活を証言する弟子たちが中心となって教会が形成されます。人数は一二〇人ほどだったと記録されています。この最初の教会において、マリアはイエスの母として尊敬を受けたようです（使徒言行録1章14節）。イエスの遺言通り、マリアを弟子たちがサポートして寄りそったのでしょう。

†血縁を超えた家族となる

この逸話はイエスが母親を気遣っていたと同時に、「家族」というものが血縁を超えた意味をもつことを暗示しています。現在で言う養子縁組ですが、初期キリスト教において、このような家族観が出来上がったことがうかがわれます。

キリスト教の信者同士が「兄弟姉妹」と呼び合う習慣もこれと関係しています。先ほども書きましたが、イエスの母と弟たちがイエスを連れ戻しにやって来たときに、彼が語った言葉が象徴的です。

イエスは、「私の母、私のきょうだいとは誰か」と答え、周りに座っている人々を見回して言われた。「見なさい。ここに私の母、私のきょうだいがいる。神の御心《みこころ》を行う人は誰でも、私の兄弟、姉妹、また母なのだ。」（マルコ福音書3章33～35節）

これは、心配する家族を突き放す言葉で、「カナの婚礼」でのイエスの発言とよく似ています。このように血縁も民族も超えた普遍的価値観を示す家族として、教会という信仰共同体が形成されるのです。

イエスが最期に母を愛弟子に委ねることで、彼らは新しい家族になりました。イエスの死がそれをもたらしたことは深い意味を持ち、考えさせられます。

今日の社会通念では、家族の目的とは子孫を残し血筋を絶やさないことだとされています。しかし、それが今、私たちの生きづらさを助長しているようにも思えます。聖書によれば、家族の意味とは血筋を継承する目的だけではありません。イエスの愛弟子のように、委ねられて志を継承する者が新しい家族を創り出すのです。家族というのは一義的なものではありません。このように、家族を心遣いながら血縁を超えるという生き方がありうることを、知っていただきたいと思います。

V 死を受け入れるために

死を前に神に祈るイエスの一方で、弟子たちは迂闊にも眠りこけてしまう。
(アンドレア・マンテーニャ「ゲッセマネの祈り」)

1　約束の地に入れなかったモーセ――夢を人に託す幸せ

そして、主は彼に言われた。「これが、アブラハム、イサク、ヤコブに対し、私があなたの子孫に与えると誓った地である。私はあなたの目に見せるが、あなたはそこに渡って行くことはできない。」（申命記34章4節）

†イスラエルの民を導いたモーセ

目標の手前まで来ているのに、それを成し遂げることができないまま生涯を終える。それを無念の死と呼ぶでしょうか。聖書には預言者をはじめとして、目標を叶えられずに最期を迎えた人々がたくさんいます。途上のまま人生を終えるということの方が、聖書ではむしろふさわしい生き方のようにも思われます。その一人として有名な預言者モーセを取り上げてみましょう。

モーセについては、エジプト脱出という歴史的出来事の立役者としてすでに紹介しました。彼は旧約聖書の中心である律法（五書）を書き記した人物とされ、律法のシンボルとも言えます。そのモーセの最期については、申命記に書き記されています。

申命記はモーセ五書の第五の書で、モーセがヨルダン川の東岸まで辿り着いたときに、イスラエルの民に向かって語った説教が記されています。

この申命記にはモーセの死の様子まで書いてあるので、これをモーセが書いたというのは単なる伝説に過ぎないでしょう。申命記が書かれたのはモーセが活躍した時代から数百年も後で、今日、申命記をモーセの著作と考える研究者はいません。それでも、モーセの最期について考える手がかりを与えてくれるのは申命記だけです。

ヨルダン川を越えた約束の地カナンを目指して、モーセはイスラエルの民を率いてエジプトから旅をして来ました。遡ると、族長アブラハムに対してヤハウェが「あなたの子孫にこの地（カナン）を与える」と約束して以来、エジプト滞在、エジプト脱出、荒れ野の彷徨を経て、イスラエルの民はようやく目標の地の近くまでやって来ます。

荒れ野の旅は四〇年も続いたと言われます。水や食料の確保、エジプトへ戻りたいと不平を漏らす民への対処、外敵との戦い、共同体としての団結の確保など、指導者モーセは苦難の連続でした。

申命記の直前に置かれた民数記《みんすうき》では、モーセはモアブの平野に宿営し、いち早くヨルダン川東岸を相続地としてイスラエルの人々に分配しています。ヨルダン川を渡れば、約束の地はすぐそこなのです。

モーセは約束の地に入る前に、イスラエルの民にこれからどのように神の民として生きるべきかを説いています。彼は、聖なる民として律法を守って生きることを人々に求めます。これがモーセの遺言となりました。というのも、モーセ自身は約束の地に入ることが許されなかったからです。申命記34章にこう書き記されています。

そして、主は彼に言われた。「これが、アブラハム、イサク、ヤコブに対し、私があなたの子孫に与えると誓った地である。私はあなたの目に見せるが、あなたはそこに渡って行くことはできない。」（申命記34章4節）

†約束の地に入れてもらえなかった預言者

これは決定的な言葉です。神は約束の地をモーセに見せるのですが、そこに入ることは許しませんでした。しかし、それには理由があります。モーセは荒れ野で神に従わず、神を聖としなかったからです（同32章）。

飲み水を渇望する民のため岩から湧き水を出した際、モーセは神に命じられた通りにしませんでした。つまり、岩に命じることをせず、杖で岩を二度叩いて水を出したのです。この描写が何を意味するのか、はっきりはわかりませんが、おそらくこれは禁じられた呪術行為であったと判断されたようです。

モーセには指導者としての驕《おご》りがあったのかもしれません。だとしても、ただ一度の失敗で、人生の最も重要なときに責任を問われるのは理不尽な話にも思えます。約束の地に入れないモーセがあまりに不憫で、私はやりきれないものを感じてしまいます。この宣告の直後に、モーセの死について次のように記されています。

主の僕《しもべ》モーセは、主の言葉のとおり、モアブの地で死んだ。主はベト・ペオルの向かい側にあるモアブの地の谷に彼を葬られた。しかし、今日に至るまで、誰も彼の葬られた場所を知らない。モーセは死んだとき、百二十歳であったが、目はかすまず、気力もうせていなかった。イスラエルの人々はモアブの平野で三十日間、モーセのために泣いた。こうして、モーセのために泣く喪の期間は終わった。（申命記34章5～8節）

ここにはモーセの死が淡々と記録されています。この申命記が記された時点で、モーセはすでに伝説的な人物となっていましたが、墓がどこにあるかすら知られていなかったようです。一二〇歳まで生きたにもかかわらず、最後まで気力が失せていなかったという記述は、文学的な脚色かもしれませんが、たいへん印象的です。

†後継者に夢を託す幸せ

こうしたモーセの死を、私たちはどのように理解したらよいでしょうか。無念の最期であったと捉えるでしょうか。また、出エジプトの立役者であるモーセ自身は自らの最期をどのように受け止めたでしょうか。

ここでのモーセの心情について、聖書には書かれていませんが、無念であったと悲劇性を読み取るのが普通かもしれません。なにしろ最後の栄光を手にできず、あらゆる苦労がとうとう報われなかったのですから。

しかし考えてみると、モーセはイスラエルの民をエジプトから導き出すため神に選び出されたに過ぎません。エジプトでナイル川のほとりから拾い出され、また潜伏していたミデヤンの地から連れ戻されて、イスラエルの民を約束の地に導き入れるために選ばれたのがモーセでした。その意味では、モーセの生涯において、カナンの地に辿り着くという結果よりも、それに至るプロセスの方がはるかに重要であったのかもしれません。

申命記には、晩年のモーセの後継者ヨシュアについても書かれています。ヨシュアについては、申命記のおしまいと次のヨシュア記の始まりで、神が「恐れるな、雄々《おお》しくあれ」と激励を与えています。

このヨシュアが抜擢され、モーセの代わりにイスラエルの民を導くようにと命じられます。若く、信頼のおける優れた指導者となるヨシュアを後継者とし、彼に夢の実現を託せるということはモーセにとって幸せだったのではないでしょうか。自分は目標に至らずとも、信頼する後継者に委ねる幸いをモーセは与えられたのです。

一二〇歳というモーセの没年齢は示唆的です。創世記では、「人もまた肉にすぎない。その生涯は百二十年であろう」とヤハウェは言っています。今日でも、人間の最高齢はおよそ一二〇歳で、生理学的にもそれが限界のようです。そのような年齢までモーセは生きることができました。

高齢に至っても目はかすまず、生き生きとしていたモーセに無念さや悲劇性を見るのはまったく当たらないように思います。目標を目指して全力を尽くし、後継者にそれを託して、自らは途上で人生を終えるという生き方は不幸ではなく、むしろ幸せであるように思えるからです。自分のなすべき務めを果たして、後任にすべてを託す。そういう生き方に大切な価値を見出すことができます。

2　神を呪ったヨブ——問うのではなく不条理に答える

私の生まれた日は消えうせよ。
男の子を身ごもったと告げられた夜も。（ヨブ記3章3節）

✝幸せも災いもそのまま受け取る

人生の不条理を経験した人物として、聖書の人物の中で真っ先に浮かぶのはヨブでしょう。彼は不条理の代名詞のような存在です。ヨブについてはすでに紹介しましたが、本節では、あらためてこの人物が死とどう向き合ったかについて考えてみましょう。

ヨブ記では一貫して死の影が物語を覆っています。事の発端はこうです。義人であったヨブをサタンが神に告発します。ヨブだって一皮むけばただの罪びとで、財産を失えば神を呪うはずだ、と。

驚いたことに、神はこのサタンの意見を受け入れるのです。その結果、ヨブに災いが次々と押し寄せ、彼は財産すべてのみならず、一〇人の子供たちまでも失ってしまいました。とんでもないことです。聖書において、ヨブの不条理とはこの出来事を指します。ヨブが経験した不条理にはサタンが関与しています。このことが物語に暗さと不可解さを醸し出しています。サタンと言うと、普通は「悪魔」をイメージしますが、私たちが想像するものとは少し違います。

新約聖書では、サタンは神と対極の存在である悪魔として登場するのに対し、旧約聖書では、サタンは神の支配下にあり、神の周りに集まる「天使」の一人なのです。サタンは人間の罪を糾弾する告発者ではありますが、神と対極の悪魔というイメージではありません。実際、ヨブ記では神はサタンと直接のやりとりをし、神の支配のもとでサタンがヨブに手を伸ばすのです。

けれども、自らに降りかかる厄災にサタンが関与しているということを、ヨブは知る由もありません。神とサタンとの取り決めは、すなわち天上の決定であり、地上にいるヨブには明かされないのです。その設定はヨブ記の最後まで貫かれます。

ヨブはそうした不条理を経験したにもかかわらず、サタンが予想したように神を呪うことはなく、なお義人であり続けます。それだけでなく、次のような人生を達観した見事な言葉がヨブの口から語られます。

私は裸で母の胎を出た。また裸でそこに帰ろう。主は与え、主は奪う。（ヨブ記1章21節）

しかし、彼に降りかかる災難はこれで終わりではありません。サタンは神に進言し、ヨブの骨と肉を打ってみなさい、とさらに直接的な暴力を提案するのです。そうすれば、ヨブは必ずや面と向かって神を呪うはずだ、と。ヨブの命だけは守ることを条件に、神はそれも許可しました。

こうしてヨブは悪性の腫れ物で体中を蝕まれてしまいます。何という悲惨。読むに堪えない物語です。この有様を見て、妻はヨブに「神を呪って死んでしまいなさい」と言うのです。ヨブに寄りそい、共に人生を歩んだ妻ですら、そう言うほかなかったのでしょう。「呪う」という言葉は、原文のヘブライ語では「祝福する」という真逆の言葉で表現されています。妻もまたヨブと共に不幸を嘆き、絶望しているのです。そうした妻の言葉に対して、ヨブはこう答えます。

私たちは神から幸いを受けるのだから、災いをも受けようではないか。（同2章10節）

ヨブは妻をたしなめ、あくまで不条理を受け入れようとします。戦慄すら覚える義人ヨブの発言です。これがヨブ記の最初の到達点です。ここまではヨブの口から否定的な言葉は何一つ漏れることはありませんでした。けれども、ヨブ記はむしろここから始まるのです。

†崩れ落ちたヨブ

続くヨブ記3章は、こういう詩文で始まります。

この後、ヨブは口を開いて、自分の生まれた日を呪った。ヨブは言った。
私の生まれた日は消えうせよ。
男の子を身ごもったと告げられた夜も。
その日は闇となれ。
高みにおられる神が顧《かえり》みず
光もその日を照らすな。(同3章1〜4節)

これを読んで、私はヨブの変わりように衝撃を受けました。ヨブは自分が生まれてこなかった方がよかったと嘆きます。自分の存在を呪っているのです。生きることにもはや望みを持てず、ただ死にたいという心情が綴られます。このような絶望的な嘆きが延々と続きます。

数々の苦難に耐え、義人であり続けていたヨブのこの変容について、どう説明したらよいか迷います。不条理を受け止めていたはずのヨブが神に向かって訴え始めると、彼の三人の友人が現れ、ヨブの不信を叩きのめし徹底的に非難するのです。そして、ヨブと友人たちの大論争が果てしなく続きます。

ヨブは結局、人生の不条理を受け入れることができませんでした。自らを呪い、苦しみもがき、ついに絶望するしかなかった。神は何も答えてくれなかったからです。神の沈黙の前で果てしないヨブの訴えが続きます。

しかし、ヨブ記にはクライマックスがあります。最後に神がヨブのもとに現れ、この自然世界の不思議をつぶさに語り聞かせます。けれども、ヨブの訴えに対して直接に答えたわけではありません。

なぜ、神の前に正しく生きてきた自分が、こんなに不条理な経験をしなければならないのか、なにゆえに自分の財産も、大切な子供たちの命をも奪われなければならなかったのか。その問いには神は何一つ答えていません。不条理は不条理のままです。にもかかわらず、神の前でヨブは自ら崩れ、ついに神に降参するのです。

†それでも最後まで生きよ

不条理な出来事に耐え続けたヨブが、死をどう受け入れたかについて、ヨブ記は答えを提示してくれるわけではありません。ヨブ記は答えがない書なのです。けれども、逆説的に言えることがあります。それは、人生の不条理について答えるのはヨブ自身だということです。

なぜ神がヨブに不条理を与えたかについても、最後まで明らかにされません。神に問うヨブは神から問われ、神に答える者になります。ヨブ記では、問う者が答える者になるという逆転が生じるのです。

降りかかる不条理の理由も意味もわからなくても、それを引き受け、その状況に自ら答えて生きる、という生き方が提示されているのではないでしょうか。つまり、不条理な状況について、結局は自分自身で考えて答えなければならないのだと、ヨブ記は教えてくれます。死をどう受け入れるかではなく、ただ最後まで生きよという呼びかけがヨブ記にあるのです。

第二次世界大戦の末期、ヒトラー暗殺計画が発覚して捕らえられて処刑されたボンヘッファーという神学者がいます。彼は獄中でヨブ記を読み、書簡にこう書き残しています。

われわれと共にいる神とは、われわれを見捨てる神なのだ。神という作業仮説なしにこの世で生きるようにさせる神こそ、われわれが絶えずその前に立っているところの神なのだ。神の前で、神と共に、われわれは神なしで生きる。神は自身をこの世から十字架へと追いやられるにまかせる。神はこの世においては無力で弱い。そしてまさにそのようにして、ただそのようにしてのみ、神はわれわれのもとにおり、またわれわれを助けるのである。

「神と共に、神なしで生きる」という言葉が心に響きます。神の沈黙という現実の中で死を見つめ、どう生きるかについて、ボンヘッファーの言葉はヨブ記と同様に、「それでも生きよ」と伝えています。

3　死の現実と向き合うコヘレト——空しいからこそ生き抜く

塵《ちり》は元の大地に帰り、息はこれを与えた神に帰る。空《くう》の空、とコヘレトは言う。一切は空である。（コヘレトの言葉12章7～8節）

†終わりがあるからこその人生

「コヘレトの言葉」を読んでみると、誰もが暗い印象を持つでしょう。なにしろ、「死」というドキリとする言葉があちらこちらに出て来るからです。「これが死ねば、あれも死ぬ。両者にあるのは同じ息である」とか「一つの運命がすべての人に臨む」と書かれていて、ひたすら死を見つめているようです。

さらにまた、先ほども紹介したように、人生の空《むな》しさをほのめかす「空《くう》」（ヘベル）という言葉が繰り返されています。聖書は神聖なものだというイメージがありますが、そうしたイメージとはかけ離れています。また一般的にも、「コヘレトの言葉」は厭世《えんせい》的で虚無的な書だと説明されます。

このように何かと暗いイメージの「コヘレトの言葉」ですが、それとは対照的に「一人より二人のほうが幸せだ」とか「愛する妻と共に人生を見つめよ」というように、明るい言葉もあります。陰と陽の両面があるので、支離滅裂ではないかと言われたりもします。

死について考えるコヘレトと、人生の明るさや幸せを説くコヘレトは、どのように結びつくのでしょうか。これを矛盾と考えるのではなく、むしろ一つのものと考えることができるのではないでしょうか。逆説的ですが、コヘレトは死を見つめることで、生には意味があるということを表現しています。

コヘレトの時代に人の寿命はかなり短く、四〇歳に届きませんでした。前にも書いた通り、今日のように八〇歳まで生きるのが普通という時代ではありません。多くの人の人生は三〇代半ばで終わります。青春は思いのほか短く、結婚しても、愛する妻との生活はおよそ十数年ということになります。

例えば、そのことを考えながら「愛する妻と共に人生を見つめよ」という言葉を読むと、それが深い意味を持っていることに気づかされます。妻と共にある人生とは、死から逆算した残りの時間のことです。結婚生活は神から与えられたもの、つまり賜物だとコヘレトは見るのです。

コヘレトの言葉は厭世的で虚無的に見えながら、実は人生には意味があることを表現しています。人生は短く儚《はかな》いから無意味だ、と考えるのではなく、人生は短く儚いからこそ、死ぬまでの時間は神から与えられた恵み。この今というかけがえのないときを精一杯生きよ。このような逆説的な人生観をコヘレトは説いているのです。

人生が意味を持つのは死があるからです。終わりがあるから人生なのです。もし二〇〇〇年でも生きられるとしたら、逆に今を生きる意味は失われ、空虚になってしまうでしょう。コヘレトは二〇〇〇年生きたとしても幸せでなければ人生に意味はないと言います。

死によって人生は意味づけられます。コヘレトは支離滅裂ではありません。逆説的に思考しているのです。「生きている犬のほうが死んだ獅子より幸せ」という皮肉のような言葉がありますが、これには「生きているだけで丸儲け」という意味が含まれています。犬という価値が低い動物であろうと、生きていさえすれば、死んだ獅子より幸せです。だから、死んではいけない。生きよ、とことん生きよというのです。

コヘレトが死を見つめ、その結論として伝えるメッセージは「空しい」ではなく、「生きよ」です。空しいからこそ、生きよと呼びかけているのです。

そこで、本節ではコヘレトの言葉のクライマックスに目を留めたいと思います。

その日には
家を守る男たちは震え
力ある男たちは身をかがめる。
粉挽《こなひ》く女は数が減って作業をやめ
窓辺で眺める女たちは暗くなる。
粉を挽く音が小さくなり
通りの門は閉ざされる。
鳥のさえずりで人は起き上がり
娘たちの歌声は小さくなる。
人々は高い場所を恐れ、道でおののく。
アーモンドは花を咲かせ、ばったは足を引きずり
ケッパーの実はしぼむ。

人は永遠の家に行き、哀悼者たちは通りを巡る。
やがて銀の糸は断たれ、金の鉢は砕かれる。
泉で水がめは割られ、井戸で滑車は砕け散る。
塵は元の大地に帰り、息はこれを与えた神に帰る。（同12章3〜7節）

これは字義的には、親しい者の死を悼む町の様子を描いていますが、比喩的には、この詩は老齢になり死にゆく人間を描いています。「家を守る男たちは震え」は、老齢になって膝ががくがく震えること。「力ある男たちは身をかがめる」は、腰が曲がることです。「粉挽く女は数が減って」は歯が抜けること、「窓辺で眺める女たちは暗くなる」は視力の低下、「粉を挽く音が小さくなり」は聴力の低下を表しています。

そして、「アーモンドは花を咲かせ」は白髪になること、「ばったは足を引きずり」は歩行の困難、「ケッパーの実はしぼむ」は食欲や精力の減退の表現であると説明できます。その行き着く先は、「人は永遠の家に行き」、つまり死んでいくということです。

人間の死にゆく姿が実に巧みに、リアルに描かれる見事な詩文が、コヘレトの言葉の締め括りとなっています。

コヘレトは死ぬことばかり考えている暗い人だという印象は、この最後の詩文からも感じられます。しかし、だからといって、彼は絶望し嘆いているだけではありません。「塵《ちり》は元の大地に帰り、息はこれを与えた神に帰る」という言葉は、もともと人間は神によって塵から創造されたのだから、塵に帰るという事実を述べているに過ぎません。

同様に、神から息を吹きかけられて生きる者となったのだから、「息」は神に帰るのです。つまり、人は死んで神のもとに行くという告白をしているのです。これはイスラエルの民にとっては当たり前の考え方で、別に絶望し嘆いているわけではありません。

人間は神から造られた存在です。コヘレトの言葉では、「若き日に、あなたの造り主を心に刻め」という句がよく知られています。これも人間の被造性を意味する言葉です。人間は神から造られた存在ゆえに、生まれてから死ぬまでの時間、つまり人生は神から与えられた贈り物とコヘレトは考えています。

死をきちんと直視することによって、そこから反転して生の有意味性を見出すのです。コヘレトが最後まで死について語るのは、徹底して生きるためなのです。

死の現実と向き合うことで、逆に、生きることがいかに大切かが見えてきます。今の私たちもそうです。死と向き合えば向き合うほど、今、生きているこの時が輝き始めます。

姜尚中《かんさんじゅん》の小説『心』の中に、東日本大震災の直後、海から死体を引き上げるライフ・セービングのボランティアをした青年の話があります。幼児も若い母親もこんなむごい死体になるのなら、人生に何の意味があるのか。青年は心を病みました。けれども、あるきっかけで彼は立ち直ります。それは、今、自分はたくさんの死者たちから「生きよ」と呼びかけられているという発見でした。

人生は死によって意味づけられているのです。与えられた命を生きる時間がいかにかけがえのない時であるかがわかります。この時を精一杯生きよとコヘレトは教えてくれます。

4　守られ鞭打たれたイスラエル——葬儀で最も読まれる詩編

たとえ死の陰の谷を歩むとも
私は災いを恐れない。
あなたは私と共におられ
あなたの鞭と杖が私を慰める。（詩編23編4節）

†あなたは私と共にいる

「死を受け入れるとき」について旧約聖書から言葉を紡ぎ出そうとすると、詩編23編の詩が思い浮かびます。キリスト教の葬式ではたいていこれが読まれますから、葬儀の定番と言ってよい言葉です。これは全詩編の中で最もよく知られているものの一つで、教会では暗誦《あんしょう》している人もいるほどです。

葬式でよく読まれるというと、暗い詩かなと思われるかもしれませんが、この詩編には明るさがあります。故人の生涯を振り返るとき、この詩編23編ほど心に深く響く聖書の言葉は他にありません。引用してみましょう。

賛歌。ダビデの詩。
主は私の羊飼い。
私は乏《とぼ》しいことがない。
主は私を緑の野に伏させ
憩いの汀《みぎわ》に伴われる。
主は私の魂を生き返らせ
御名《みな》にふさわしく、正しい道へと導かれる。
たとえ死の陰の谷を歩むとも
私は災いを恐れない。
あなたは私と共におられ
あなたの鞭と杖が私を慰める。
私を苦しめる者の前で
あなたは私に食卓を整えられる。

私の頭に油を注ぎ
私の杯を満たされる。
命あるかぎり
恵みと慈しみが私を追う。
私は主の家に住もう。
日の続くかぎり。（詩編23編1〜6節）

一読して、これが牧歌的な詩編だとわかります。これが人々に親しまれているのは、詩編の象徴ダビデが自らの人生を振り返って語っているように書かれているからでしょう。また、この詩の作者が「私」として、しかも自らを一匹の羊であると語り、この羊を飼う羊飼いに「私の神」が喩えられています。

実際にはこの詩はダビデの作品とは言えませんが、描かれている内容がダビデの生涯に重なり、また「私」という一人称で記されているので、読み手もまた知らず知らずのうちに自分の人生に重ねて読んでしまうという文学的効果があります。

この詩が人生に重なるというのは、「乏しいことがない」「緑の野に伏させ」「憩いの汀に伴われる」というように、羊である自分が羊飼いに導かれ、必要なものを与えられて歩んで来たと作者が回想しているからです。

一方でまた、「死の陰の谷を歩むとも」「災いを恐れない」というように、振り返ってみると、死を覚悟しなければならないような辛い経験を通り過ぎてきたことを回想しています。

つまり、かつて羊飼いの少年であったダビデが、神に導かれてイスラエルの王になる道を歩み、またその途上でサウル王に命を狙われ、死を覚悟する厳しい試練をくぐり抜けてきた、という経験を表しています。

それがまた読み手自身の人生経験とも交差します。「死の陰の谷を歩む」には、生死の境をさまようという響きがあります。多かれ少なかれ、そのような経験は誰もがしているでしょう。そういう試練を経てきた人の人生に、この詩は不思議にリンクするのです。

この詩編は文学的形式においても見事な特徴を示しています。「あなたは私と共におられ」という句がこの詩編の中心にあって、それ以前は人称が「主と私」ですが、それ以後は人称が「あなたと私」に変化します。「主」という三人称の神が、「あなた」という二人称の祈りの対象に転換するのです。

その分水嶺となるのが「あなたは私と共におられ」という一節です。私の人生の中で、主である神がいつも共におられる、という信仰がこの詩編の中心に位置しています。この句は、「ヤハウェ」という神の名前の本質を説明します。イスラエルの神ヤハウェの名は「あなたはいつも私と一緒にいてくださる」という意味なのです。これは旧約聖書において最も根源的な真理と言えます。

†神は決して見捨てない

この詩編のクライマックスに注目してみましょう。「命あるかぎり、恵みと慈しみが私を追う。私は主の家に住もう、日の続くかぎり」という部分です。人生を振り返り、それを締め括る言葉として、「恵みと慈しみが私を追う」と書き記されます。

「恵みと慈しみ」という言葉は「幸せ」とも言い換えることができるでしょう。「追う」には、「しつこく追跡する」という意味があります。猟犬が獲物を追いかけるように、と言ってよいでしょうか。幸せが私をしつこく追いかけて来る。「もう結構です」と断っても、幸せが追いかけて来る。ここに、ちょっとしたユーモアがあります。

そのように、私の人生は満ち足りたものであったという結論が述べられているのです。また、「主の家に住もう」とは、本来は「神殿に戻る」という意味です。ヤハウェに導かれて祝福され、最後は神のもとに帰る。ここでは、死を前にして、満ち足りた人生を振り返り、人生を肯定する態度がはっきりと記され、人生を与えてくれた神への信仰表明で結ばれます。

この詩編23編は、「神への信頼の詩編」とも呼ばれます。作者はダビデの名を借りた個人ですが、個人であると同時に、イスラエル民族の象徴として読むのがふさわしいのではないかと思います。この詩のなかに、イスラエル民族の歴史を二重、三重に読み込むことができる。というのも、羊と羊飼いという関係は、イスラエルの民とそれを導く神という関係の比喩でもあるからです。

イスラエルと神は契約によって固く結ばれています。神はイスラエルを導く羊飼いです。エジプトを脱出して、果てしない荒れ野の旅をした記憶が詩文に刻まれています。それは、旅の間じゅう、イスラエルの民は乏しいことがなく、神によって養われたという記憶です。「死の陰の谷を歩む」とは、エジプトの軍団に追われ、死を覚悟し海を渡ったことでしょう。そういうときでも、神が共にいてくれるので恐れることはなかったのです。

しかし、イスラエルの民は契約に背を向け、正しい道から逸れて行きます。神の鞭と杖で打ち叩かれ厳しい審判を受けたとは、国が滅ぼされて捕囚の民となった経験を示唆します。にもかかわらず、神は敵の前でもイスラエルの民を見捨てず、慈しみを施しました。

やがて彼らは捕囚の地から解放され、復興を遂げました。「私の魂を生き返らせる」とは字義通りには元気づけられるという意味に過ぎませんが、イスラエルの復興をも指しています。「杯を満たされる」とは、幸いが満ち溢れたということです。振り返ってみるならば、私には乏しいことがなく、いつでも恵みと慈しみに満ちていた。そのような共同体の歴史が、ダビデに象徴される個人の人生に重ねられて書き記されているのです。

この詩編23編はハッピーエンドで締め括られます。ここでは人生の肯定が否定を飲み込んでいます。その根底には、神は自分たちを決して見捨てないという信仰があります。死を受け入れるとき、「ここまで生かされてきた。絶望しかけたときもあったけれど、振り返れば人生のすべてが幸いに満ち溢れていた」と言えるとすれば、なんと幸いなことでしょう。多くの人が自らの人生を重ねることができるこの詩編はやはり、葬儀など人生の最後に読まれるのがふさわしいでしょう。

5　パウロの壮絶な宣教人生――生と死の狭間で生きる

私にとって、生きることはキリストであり、死ぬことは益なのです。けれども、肉において生き続けることで、実りある働きができるのなら、どちらを選んだらよいか、私には分かりません。この二つのことの間で、板挟みの状態です。（フィリピの信徒への手紙1章21～23節）

†「裏切り者」パウロの手紙

本節では、生きるか死ぬかの狭間で葛藤する人の言葉を紹介します。新約聖書の中で、フィリピの信徒への手紙にある一節です。

これは、使徒パウロが書いた書簡です。彼は、生きるか死ぬかの狭間でもがき、最後には生きる方を選びました。信仰の世界での葛藤ですが、この結論には頷けるものがあるのではないでしょうか。

パウロとは最初期のキリスト教の立役者で、新約聖書ではおなじみの人物です。あらゆる困難を乗り越えて地中海世界に福音を伝え、前進し続けた不屈の人でもあります。

先にも述べたように、パウロは若い頃はユダヤ教の律法学者で、ユダヤ教世界では将来を嘱望された若手の指導者でもありました。ナザレのイエスを救い主と信じる者たちの集団が誕生した直後、パウロはユダヤ教徒として、この新興集団を熱心に弾圧し、ステファノという教会の指導者を殺害する計画にも加わっていたほどでした。

ところが、キリスト教徒を迫害するためにダマスコに向かう途中、パウロは突然の出来事に遭遇します。イエス・キリストが語り掛けてくる幻を聴いたのです。その衝撃で目は塞がれ、言葉を発することができなくなりました。これがパウロのキリストとの出会いです。これによってパウロはそれまでとは真逆の人生を歩み始めます。彼はキリストを宣教する伝道者に生まれ変わったのです。

ユダヤ教から見れば、パウロは裏切り者です。彼はどこへ行っても命を狙われました。かつての同胞であるユダヤ人から迫害を受け、またローマ世界では皇帝崇拝を拒否して社会秩序を乱すとんでもない厄介者として扱われます。にもかかわらず、パウロは地中海世界に次々と教会を建てる宣教を展開し、最後はローマに渡り、そこで殉教の死を遂げたと言われています。

そのパウロが書いた手紙が新約聖書に収められています。多くはパウロが個人的に教会に宛てて書き送った書簡ですが、その中にフィリピの信徒への手紙があります。この書簡は、パウロがエフェソという町で投獄されたときに、獄中で書いた手紙です。

投獄されたパウロを心配する弟子が――おそらくテモテでしょうか――パウロが口述する言葉を漏らさず筆記して、フィリピの教会に持参したのではないかと想像します。その手紙が信者たちの手で次々に筆写され、あちらこちらの教会の礼拝でも朗読されて、やがてパウロ書簡の一つとして新約聖書に収められたのでしょう。この手紙からは、獄中で死を覚悟するパウロの息遣いが伝わってきます。

†獄中で死を覚悟する

獄中でパウロは、伝道者としての自分の人生もこれで終わりだと死を覚悟します。これまでキリストのために胸を張って生きてきたのだから悔いはなく、キリストのもとに迎えられることを考えています。死んで楽になりたいという気持ちだったかもしれません。

しかし一方で、彼にはなお教会のために働きたいという希望もあります。獄中で判決を待ちながら、釈放か死刑か、生きるか死ぬかという瀬戸際で、パウロの心理的揺れが手紙に滲み出ています。「板挟みの状態」とはそういうことを指しています。その葛藤の中で行き着いた結論は、「生きてあなたがたフィリピの教会の信徒たちのために働かせていただきたい」という思いでした。

この手紙を書き送った後、紀元五〇年代の中頃に、パウロは釈放されます。彼はこの後コリントやアテネを旅し、次々に教会を建て、そしてローマで紀元六二年頃に殉教していま す。六〇歳を超える年齢だったと言われています。つまり、本節で紹介するフィリピの信徒への手紙を書いた数年後に、パウロは生涯を終えたのです。

生きるか死ぬかという板挟みの経験をパウロが吐露しているのは、この手紙だけではありません。コリントの信徒への手紙二を読むと、そのことがよくわかります。なにしろ、パウロ自らこんなことまで書いているのです。

苦労したことはずっと多く、投獄されたこともずっと多く、鞭打たれたことは数えきれず、死ぬような目に遭ったことも度々でした。ユダヤ人から四十に一つ足りない鞭を受けたことが五度、棒で打たれたことが三度、石で打たれたことが一度、難船したことが三度、一昼夜海上に漂ったこともありました。（コリントの信徒への手紙二11章23〜25節）

すさまじい体験が回顧されています。パウロはまさに不屈の人でした。エフェソの獄中で手紙を書いたときのような生きるか死ぬかの板挟みの状態を、パウロは常に生きていたと言えるでしょう。しかし、そういう経験をする中でも、死んで楽になる道を決して選ばなかったということが重要だと思います。たとえ死んだ方がましという状況であっても、それを選ばず、生きることを選んだのです。自死を選ばない。それはヘブライズムの感覚だと言うことができます。

†辛くても生に踏みとどまる

旧約聖書では人は常に死より生の方向に向かいます。このことをパウロは同じフィリピの信徒への手紙の中で、「目標に向かって走る」という言い方で、こう書いています。

私自身はすでに捕らえたとは思っていません。なすべきことはただ一つ、後ろのものを忘れ、前のものに全身を向けつつ、キリスト・イエスにおいて上に召してくださる神の賞を得るために、目標を目指してひたすら走ることです。だから、完全な者は誰でも、このように考えるべきです。（フィリピの信徒への手紙3章13〜15節）

生と死との板挟みの状態でありながらも、目標を目指してひた走るという真摯でひたむきな言葉です。この前向きに生きる姿勢には心を動かされます。

人生とは、絶えず目標に向かう途上にあるのです。けれども、途上で死ぬとしても、目標を目指しているかぎり、それは未完成ではなく、完成されたものだと言われます。これは、たとえ死を受け入れざるを得なくても、最後まで生き抜こうというメッセージです。それは、今を生きよということも意味します。今、この与えられた命を精一杯生きよということです。

6　イエスのゲツセマネの祈り――死にゆく時もただそばにいて

アッバ、父よ、あなたは何でもおできになります。この杯を私から取りのけてください。しかし、私の望みではなく、御心《みこころ》のままに。（マルコ福音書14章36節）

†自らの命と引き換えに愛を与えるキリスト

誰であれ年齢を重ねると、自分がどういう形で死を迎えるかを考えます。死にたくないとは思っても、いつかその時は来ます。あまり考えたくないことではありますが、考えておかなければならない課題です。死が避けられないと覚悟したら、私たちはどうすべきでしょうか。本節では、この重たい問いについて考えてみましょう。

聖書とは死を考えさせる書物です。すでにいくつかの箇所について書きましたが、死とどう向き合うか、また、その死を乗り越えた復活についても書かれています。しかし、なにより大事なことは、死をどう受け入れ、どのように自分で担っていくかでしょう。

死をどう生きるか。新約聖書のマルコ福音書は十字架の死に向かうキリストの様子を一貫して書き記します。この福音書の冒頭の言葉が「神の子イエス・キリストの福音の初め」です。

「福音」とは、ギリシア語で「ユウアンゲリオン（エヴァンゲリオン）」と言いますが、これはキリストが死によって罪の赦しをもたらし、信じる者を救いに招く「良き知らせ」という意味の言葉です。それをもたらすためにキリストはこの地上に来たのだ、とこの福音書は証言しているのです。ここで取り上げるのは、「ゲツセマネの祈り」と呼ばれる、キリストが十字架で処刑される前に発した有名な祈りの言葉です。


一同がゲツセマネという所に来ると、イエスは弟子たちに、「私が祈っている間、ここに座っていなさい」と言われた。そして、ペトロ、ヤコブ、ヨハネを伴われたが、イエスはひどく苦しみ悩み始め、彼らに言われた。「私は死ぬほど苦しい。ここを離れず、目を覚ましていなさい。」少し先に進んで地にひれ伏し、できることなら、この時を過ぎ去らせてくださるようにと祈り、こう言われた。「アッバ、父よ、あなたは何でもおできになります。この杯を私から取りのけてください。しかし、私の望みではなく、御《み》心《こころ》のままに。」それから、戻って御覧になると、弟子たちが眠っていたので、ペトロに言われた。「シモン、眠っているのか。一時も目を覚ましていられなかったのか。誘惑に陥らぬよう、目を覚まして祈っていなさい。心ははやっても、肉体は弱い。」（マルコ福音書14章32〜38節）

キリストが苦しみながら祈る痛々しい様子がわかります。この祈りは、いわゆる「最後の晩餐」の後、十字架に磔にされる前日の木曜日の夜に、キリストが三人の弟子を連れて、エルサレム郊外のゲツセマネという町に出かけたときに行われたものです。この祈りの直後にキリストは大祭司たちに捕らえられ、裁判にかけられて死刑宣告を受け、翌朝、十字架を背負わされて処刑場に向かい、十字架刑に処せられます。

そのような結末を前にして、キリストが発した言葉がゲツセマネの祈りです。「この杯を私から取りのけてください」とは、今、目の前にある十字架の死という苦しみから逃れさせてほしいという訴えです。もうすぐ十字架で最期を遂げる苦しみを、キリストは見つめています。

できることなら、この杯を取り除《の》けてほしい。けれども、「私の望みではなく、御心のままに」と祈りの言葉は反転します。つまり、神の意志にすべてを委ねるということです。

それは、キリストが神の独り子として、父である神の計画のために地上に来られたことを意味しています。その計画とは、神が独り子を犠牲にして多くの人の罪を贖う救済を指しています。それはすでに「人の子は、仕えられるためではなく仕えるために、また、多くの人の身代金として自分の命を献げるために来たのである。」(同10章45節)という箇所で示唆されていました。

神の御心に従う決意を、キリストはゲツセマネの祈りで示しています。つまり、目の前にある十字架を引き受ける決意です。これは、キリストが死を受け入れる決意であると同時に、他者に愛を与える決意でもあります。「私の望みではなく、御心のままに」という表現はそのことを表しています。たとえ自分の望みは絶えてしまっても、他者に命を与えられる。それは死を迎える者がなし得る究極の利他でした。

このゲツセマネの祈りで浮き彫りになる弟子たちの姿は、死にゆくキリストとは対照的です。彼らは「目を覚ましていなさい」と命じられたのに、キリストの苦しみを知りながら、迂《う》闊《かつ》にも眠りこけてしまう。このように不甲斐ない弟子たちであったにもかかわらず、キリストは彼らと最期まで共にいたいと願いました。

キリストは、弟子たちの不甲斐なさもそのまま受け入れるのです。このゲツセマネの祈りを読むとき、死を覚悟するキリストの苦しみだけではなく、その傍らにいる弟子たちの思いにも心が留まります。

弟子たちはキリストのことを案じながら何もできない、どうしようもない思いを抱えています。死にゆく者だけではなく、その傍らにいる愛する者たちもまた辛さを味わっているのです。キリストが弟子たちを見捨てず、彼らと共にいることを望み、彼らをそのまま受け止めたという事実には仄《ほの》かな慰めがある。そういう意味で、ゲツセマネの祈りはただ単に絶望的な祈りではないのです。

†死を迎える人に寄りそうことはできる

最近、私はこれと重なる経験をしました。面識のない方から助言が欲しいと電話があったのです。病院の看護師をしている方で、夫が終末医療を受け、あと一〇日ももたないかもしれないという事情を聴きました。

もし、自分が夫の異変にもっと早くに気づいていれば、夫はよい治療を受けられたかもしれない。けれども自分は仕事が忙しくて夫の異変に気づけなかった。それが申し訳なくて苦しくて、今何もできない自分を悔やんでばかりいる、と。涙声の電話でした。

咄嗟に、御主人の方も同じように何もできないことに苦しんでいるのではないですか、と私は答えました。これから一人取り残される妻のために自分は何もできない、申し訳ないとご主人も思っているに違いありません。

けれども、何もしてあげられなくても、手を握ってお互いに心を通じ合わせることはできます。共に人生を歩んできた、共に生きてきたご主人との最後の時間は、神から与えられた恵みの賜物です。そう伝えました。

死を受け入れるとき、その傍らにいる者には何ができるでしょうか。苦しむキリストの前で、弟子たちは不甲斐ない姿を晒しました。にもかかわらず、死にゆくキリストにとってはその弟子たちが慰めであったに違いありません。愛する者が死を受け入れるとき、どう寄りそうことができるか。確かな答えはありませんが、たとえ言葉は届かなくても、手を握るという目に見えない言葉で寄りそうことができるのだと思います。目に見えない言葉は心に届くのです。

あとがき

本書は聖書を紹介するために書かれた新書です。ふだんから積極的に聖書と触れ合っているわけではない読者に向けて言葉を紡ぎました。はたして皆さんに届く言葉になったかどうかはわかりません。聖書が発する「生きよ」というメッセージに、本書を通して出会う人がいれば幸いです。

こうした本が、ちくま新書から出版されることになるとは、私はまったく予想していませんでした。編集者の山本拓さんから突然の連絡があり、お目にかかって話をし、執筆を受諾しました。コロナ禍の息苦しい世の中で、聖書から生きる励ましの言葉を紡ぎ出すことが筆者に委ねられました。山本さんは、NHKのEテレ「こころの時代」でシリーズ「それでも生きる――旧約聖書『コヘレトの言葉』」を視聴し、聖書の言葉の力を再認識したそうです。この番組で若松英輔さんと対談した私に、執筆依頼が舞い込んだという次第です。

私は平日は東京神学大学というプロテスタントの牧師を養成する大学で旧約聖書を教え、

また日曜日は日本基督教団中村町教会で礼拝説教をする牧師です。どうしたら聖書の言葉が日本人の心に届くかを考えながら、負け戦を重ねています。

しかし、今回のテレビ出演によって、私は小さな手ごたえを得ました。旧約聖書の、しかもキリスト教では異端的とも言えそうな「コヘレトの言葉」に、今の時代の人たちが聞く耳を持っていることを知らされ、驚きました。

思いがけず、視聴者から「今日は生きてみようと思いました」と便りが届きました。井上二郎アナウンサーが朗読する「コヘレトの言葉」を聴いて、まるで今の時代に向けて語りかけられているようだという感想もいただきました。

私にとって若松英輔さんとの出会いも衝撃でした。若松さんはカトリックの信者ですが、彼を通して私はカトリックの霊性に出会い、その聖書の言葉を読み取る姿勢に目を開かせられました。

私はプロテスタントの牧師です。プロテスタントは聖書を読む場合、その言語の意味を探究し、正確に理解し納得することが重要になります。プロテスタントの信者は「聖書の言葉を食べて生きる」と言うほど、聖書を大切にします。言語的知性が優先され、教会の礼拝で説教を聴いて理解する集中力が求められます。

ある意味で、それと対照的なのがカトリックです。カトリックは聖書の言葉を感性で受け取ろうとします。聖書の言葉を言葉としてではなく、霊的な「コトバ」として体験すると言ったらよいでしょうか。コトバ理解の深さと清澄さを私は若松さんから教わりました。聖書の言葉を「コトバ」として理解しなくてはなりません。今、絶望している人はその「コトバ」を必要としています。それを紡ぎ出すよう、本書で私は努めました。

本書では五つの主題で章立てをしました。「孤独」「労働」「妬み」「家族」「死」という人生の問題に寄せて、聖書の諸文書の中で人々がどのようにそれぞれの問題を生きたかを書きました。

登場するのは、新約聖書よりも旧約聖書の人物が多くなりましたが、それは旧約聖書の苦難の時代を生き抜いた人々が現在の私たちに多くを語ってくれるからです。聖書は時代の隔たりを超えて、今、途方に暮れている人に寄りそう書なのです。

今回、聖書の言葉を新書で説く機会を与えて下さった山本さんに感謝いたします。マスクを外しても息苦しさは変わらない今、日本の一%のキリスト者だけではなく、九九%の人たちに、聖書の言葉がこの時代を生き抜く力になることを本書で知ってほしいと思います。

二〇二二年六月二二日　練馬にて

小友　聡

主要参考文献

聖書

聖書協会共同訳『聖書』日本聖書協会、二〇一八年
新共同訳『聖書』日本聖書協会、一九八七年

邦語文献

有島武郎『カインの末裔・クララの出家』岩波文庫、一九八〇年
池田裕、大島力、樋口進、山我哲雄監修『新版 総説 旧約聖書』日本キリスト教団出版局、二〇〇七年
大貫隆、山内眞監修『新版 総説 新約聖書』日本キリスト教団出版局、二〇〇三年
小友聡『コヘレトの言葉を読もう』日本キリスト教団出版局、二〇一九年
小友聡『それでも生きる』NHK出版、二〇二〇年
小友聡『旧約聖書と教会――今、旧約聖書を読み解く』教文館、二〇二一年
姜尚中『心』集英社、二〇一三年

椎名麟三『私の聖書物語』中公文庫、一九七三年
杉原幸子『新版 六千人の命のビザ』大正出版、一九九三年
鈴木範久『聖書を読んだ30人――夏目漱石から山本五十六まで』日本聖書協会、二〇一七年
並木浩一、荒井章三編『旧約聖書を学ぶ人のために』世界思想社、二〇一二年
並木浩一『ヘブライズムの人間感覚――〈個〉と〈共同性〉の弁証法』新教出版社、一九九七年
並木浩一『ヨブ記注解』日本キリスト教団出版局、二〇二一年
三浦綾子『旧約聖書入門』光文社、一九七四年
三浦綾子『新約聖書入門』光文社、一九七七年
山我哲雄、佐藤研『旧約新約聖書時代史』教文館、一九九二年
若松英輔『生きる哲学』文春新書、二〇一四年

邦訳文献

O・カイザー、E・ローゼ『死と生』吉田泰、鵜殿博喜訳、ヨルダン社、一九八〇年
フランク・クリュゼマン『自由の擁護――社会史の視点から見た十戒の主題』大住雄一訳、新教出版社、一九九八年
E・F・シューマッハー『スモール イズ ビューティフル――人間中心の経済学』小島慶三、酒井懋訳、講談社学術文庫、一九八六年

ウィリアム・フォークナー『アブサロム、アブサロム！』高橋正雄訳、講談社文芸文庫、一九九八年
ヴィクトール・E・フランクル『新版 夜と霧』池田香代子訳、みすず書房、二〇〇二年
ヴィクトール・E・フランクル『ロゴセラピーのエッセンス――18の基本概念』赤坂桃子訳、新教出版社、二〇一六年
ヴィクトール・E・フランクル『夜と霧の明け渡る日に――未発表書簡、草稿、講演』赤坂桃子訳、新教出版社、二〇一九年
A・J・ヘッシェル『人間を探し求める神――ユダヤ教の哲学』森泉弘次訳、教文館、一九九八年
A・J・ヘッシェル『シャバット――安息日の現代的意味』森泉弘次訳、教文館、二〇〇二年
E・ベートゲ編『ボンヘッファー獄中書簡集』村上伸訳、新教出版社、一九八八年
S・ヘルマン、W・クライバー『よくわかるイスラエル史――アブラハムからバル・コクバまで』樋口進訳、教文館、二〇〇三年
トーマス・マン『ヨセフとその兄弟（1〜3）』望月市恵、小塩節訳、筑摩書房、一九八五〜一九八八年
トーマス・レーマー『ヤバい神――不都合な記事による旧約聖書入門』白田浩一訳、新教出版社、二〇二二年
トーマス・レーメル『モーセの生涯』矢島文夫監修、遠藤ゆかり訳、創元社、二〇〇三年

ちくま新書
1685

絶望《ぜつぼう》に寄《よ》りそう聖書《せいしょ》の言葉《ことば》

二〇二二年九月一〇日　第一刷発行

著者　小友聡（おとも・さとし）
発行者　喜入冬子
発行所　株式会社　筑摩書房
東京都台東区蔵前二―五―三　郵便番号一一一―八七五五
電話番号〇三―五六八七―二六〇一（代表）
装幀者　間村俊一
印刷・製本　三松堂印刷　株式会社

ISBN978-4-480-07505-5 C0216

ちくま新書

064
民俗学への招待
宮田登
なぜ私たちは正月に門松をたて雑煮を食べ、晴着を着るのだろうか。柳田国男、南方熊楠、折口信夫などの民俗学研究の成果を軸に、日本人の文化の深層と謎に迫る。

085
日本人はなぜ無宗教なのか
阿満利麿
日本人には神仏とともに生きた長い伝統がある。それなのになぜ現代人は無宗教を標榜し、特定宗派を怖れるのだろうか？　あらためて宗教の意味を問いなおす。

744
宗教学の名著30
島薗進
哲学、歴史学、文学、社会学、心理学など多領域から宗教理解、理論の諸成果を取り上げ、現代における宗教的なものの意味を問う。深い人間理解へ誘うブックガイド。

1201
入門　近代仏教思想
碧海寿広
近代日本の思想は、西洋哲学と仏教の出会いの中に生まれた。井上円了、清沢満之、近角常観、暁烏敏、倉田百三らの思考を掘り起こし、その深く広い影響を解明する。

1395
こころの人類学
——人間性の起源を探る
煎本孝
人類に普遍的に見られるこころのはたらきはどこで生まれたのか。カナダからチベットまで、半世紀にわたり世界を旅した人類学者が人間のこころの本質を解明する。

1403
ともに生きる仏教
——お寺の社会活動最前線
大谷栄一編
「葬式仏教」との批判にどう応えるか。子育て支援、グリーフケアと終活、アイドル育成、ＮＰＯとの協働、貧困対策。社会に寄り添う仏教の新たな可能性を探る。

1410
死体は誰のものか
——比較文化史の視点から
上田信
死体を忌み嫌う現代日本の文化は果たして普遍的なのか。チベット、中国、キリスト教、ユダヤ——。来るべき多死社会に向けて、日本人の死生観を問い直す。